U0562532

本书由西安石油大学优秀学术著作出版基金
西安石油大学油气资源经济与管理研究中心
陕西省哲学社会科学规划项目(2021D049)
陕西省教育厅科研计划项目资助(21JK0281)
资助出版

后精准扶贫时期农户家庭土地经营的金融支持研究

刘 莎 著

人民出版社

责任编辑：曹　春

图书在版编目(CIP)数据

后精准扶贫时期农户家庭土地经营的金融支持研究/刘莎 著.—北京：
　人民出版社,2024.6
ISBN 978－7－01－025548－4

Ⅰ.①后…　Ⅱ.①刘…　Ⅲ.①农户-土地经营-金融支持-研究-中国
Ⅳ.①F321.1

中国国家版本馆 CIP 数据核字(2023)第 063882 号

后精准扶贫时期农户家庭土地经营的金融支持研究
HOU JINGZHUN FUPIN SHIQI NONGHU JIATING TUDI JINGYING DE JINRONG ZHICHI YANJIU

刘 莎 著

人民出版社 出版发行
(100706 北京市东城区隆福寺街 99 号)

北京汇林印务有限公司印刷　新华书店经销
2024 年 6 月第 1 版　2024 年 6 月北京第 1 次印刷
开本:710 毫米×1000 毫米 1/16　印张:11.25
字数:171 千字

ISBN 978－7－01－025548－4　定价:68.00 元

邮购地址 100706　北京市东城区隆福寺街 99 号
人民东方图书销售中心　电话 (010)65250042　65289539

版权所有·侵权必究
凡购买本社图书,如有印制质量问题,我社负责调换。
服务电话:(010)65250042

目 录

导 读 1

绪 论 6
 第一节 研究背景及意义 6
 第二节 研究目标及内容 10
 第三节 文献综述 15
 第四节 研究方法与数据收集 24
 第五节 研究创新之处 27

第一章 农村金融支持与农户家庭土地经营的一般理论 30
 第一节 农村金融发展与效率的一般理论 30
 第二节 农户家庭土地经营生产行为与效率的一般理论 41
 第三节 农村金融支持对农户家庭土地经营效率的影响 47
 第四节 农村金融支持促进农户家庭土地经营的影响机理 49

第二章 农村金融扶贫现状与农户家庭的金融支持 53
 第一节 农村金融扶贫的发展背景及变迁 53
 第二节 贫困地区农村金融机构供给与支持 64
 第三节 农户家庭的现金收支与信贷活动 69
 第四节 农户家庭的信贷可得性与信贷用途 74

第三章　农户何以选择农耕：成本收益与规模效应　79

第一节　农村田野调查设计与样本选择　79

第二节　农户家庭类型与土地经营特征　81

第三节　农户家庭的土地经营方式选择及其成本收益　84

第四节　农户家庭的土地经营效率及其金融支持　87

第四章　解构农户土地生产效率：金融市场支持有效吗？　90

第一节　数据来源与变量选取　91

第二节　基于农户土地生产效率的 SFA 模型构建　95

第三节　农户土地全要素生产率测算　98

第四节　金融市场化影响农户土地全要素生产率的实证分析　101

第五章　金融支持与土地规模条件下农户的土地经营选择　110

第一节　调查方法与数据处理　111

第二节　基于农户土地经营意愿的多项 Logit 模型构建　114

第三节　土地规模视角下家庭借贷影响农户土地经营选择的实证分析　115

第四节　金融支持下农户土地经营选择的边际效应估计检验　120

第六章　金融要素是否影响农户的土地政策期望评价　125

第一节　数据来源与变量选取　126

第二节　基于农户土地政策选择的效用模型构建　130

第三节　金融要素：金融环境与金融素养的测度　133

第四节　金融要素影响农户土地政策期望评价的实证分析　134

第七章　提高金融对农户家庭土地经营支持的建议　143

第一节　提升农户经济实力，增强对金融资源的吸引力　144

第二节　普及金融信贷管理模式，创新适合农户家庭的金融产品　147

第三节　发展"供给导向型"金融，满足农户多元化金融需求　148

第四节　统筹配套相关服务，构建良性发展的金融环境　150

附录　基于秦巴山区的农户家庭田野调查 152

参考文献 164

后　记 174

导 读

本书立足于当下后精准扶贫时期我国贫困地区农户家庭土地经营与农村金融发展现状，研究分析农村金融对农户家庭促进土地生产经营效率、转变生计方式、破解收入不确定性的作用效果、运行机理及优化路径选择。将遵循"问题提出—金融发展及贫困、反贫困理论梳理—贫困农户家庭经济金融状况—农村金融影响农户家庭土地经营的机理、计量验证、计量检验结果讨论—金融改善、促进后精准扶贫时农户家庭发展路径选择政策建议"的研究路线展开。在梳理国内外金融发展、效率与小农土地经营行为相关文献的基础上，选取1995—2015年全国农村固定观察点调查数据中23000个农户样本数据，以及对2013年、2018年西北四省（区）贫困农户家庭经济金融实地调研获取2711户样本数据。采用统计性描述、SFA模型、柯布道格拉斯生产函数模型、评价效用模型、多层次Logit模型、多元Logit模型等方法，分析讨论了贫困地区农户家庭金融需求及现状、农户土地生产经营状况、金融市场化与农户农业生产效率、金融支持农户的土地经营意愿转变的影响，以及农贷、金融机构支农、金融要素为表征的金融机制对农户土地生产经营方式选择的作用效果和运行机制。

对全书部分研究结论归述如下：

第一，农户家庭在金融帮扶下仍面临较大机遇与挑战。当前农村贫困地区收入、消费、文化教育、基础设施和医疗卫生等方面已实现水平提升与结构优化。加之政府政策指引、农村劳动力大规模转移、农业现代化渗透及农民生活经营和投资意识的增强，贫困农村生产条件和生产方式已有转变之势。然而，贫困地区农户无论因为农地减少，还是主要劳动力进城务工遭遇工业波动,均面临一系列不确定性。因而在较长时期内,贫困地区农民群体即使在政策支持下按照现行标准划分的标准脱贫,仍有大量农户处于"发展的贫困"或"机会贫困",即后精准扶贫时期。农户脱贫后如何消解生计、收入多重不确定性等问题仍然存在。

第二,随着金融市场化的推进,农户家庭的土地生产率是下降的。银行网点数的回归系数均显著为正,信贷配置的回归系数均显著为负,表明在控制各自异质性条件的基础上,随着国有商业银行机构撤出农村地区,农户土地生产率呈下降趋势。同样地,随着非正规借贷配置占比的提升,农户土地生产率呈负向影响。农村地区金融基础设施的短缺难以形成有效辐射,本土金融基础设施的缺乏可能使得需求者转向相距较远的金融服务机构,甚至放弃借贷行为,增加农户办理金融业务的成本,进而阻碍农业生产所需资本的积累。农户家庭规模系数显著为正,表明了家庭成员越多,劳动产出越高。人力资本恰好说明农业生产在技术上仍存在较为落后的状况,对劳动力的依存度较高,劳动力的受教育程度更是对推动农村地区农业生产有着极为重要的作用。农地直接影响着农业的发展与生产效率,但其生产效率出现显著负影响,这一反常现象源于土地流转制度的限制使农地效率的规模效应微弱,未给农业发展带来效率进步。农户生产性借贷对其生产效率的影响为正,但仍较为微弱。当农户生产性借贷获得同时与银行网点数发挥作用时,对农户土地全要素生产率未呈现显著效果,而在信贷资金配置情景下对农户土地全要素生产率影响统计上显著为正,意味着市场化改革后国有银行网点收缩和撤离,由于农村信用社转向以经济效益为导向的经营方式,提供的金融服务能力有限,农户家庭生产并未对其作出明确反应,说明在较长历史时期农村地区家庭因缺少分享金融服务而存在明显的金融排斥状态,农户利用金融产品面临障碍。后文将对不同用途借贷差异如何影响农户土地生产效率进行剖析。

第三,金融市场化改革对农户土地全要素生产率产生积极影响。2006年农村金融改革"新政"推出后,国有银行网点数对生产效率产生的影响较改革前显著上升,随着国有商业银行撤出农村地区,土地生产率有所下降,但下降幅度较小。同样地,非正规金融的信贷配置占比对土地生产率的影响仍然呈现显著负效应，但影响效应有所增加。计量结果表明农村金融改革"新政"推出以后市场对农户土地生产率产生一定积极作用，即国有银行网点数和信贷配置对农户土地生产经营效率的影响以农村金融政策改革进程中 2005 年为分界点发生了明显变化。从国有银行网点数、信贷配置与农户土地生产效率间的统计结果亦可发现，两者与生产效率间的相关性十分稳定，很少受到其他因素的影响。

第四，在农村金融市场化影响下，生产性借贷获得一定程度上影响农户土地经营效率。在农村金融市场化的影响下，信贷配置程度的提升促进了农户家庭可获生产借贷的机会，刺激农户家庭从事土地生产的动机更为强烈，农户土地经营效率对信贷配置的依存程度进一步加强，说明生产性借贷促进农户土地经营效率的作用随着信贷配置程度的提高而增强，生产性借贷显著地提高农户土地生产效率，随着农村金融市场化程度的提高，生产性借贷对农户土地全要素生产率的正向作用会愈发显著；同时，农户土地全要素生产率受国有银行网点数的影响随农户获得生产借贷机会对土地全要素生产率产生反向调节作用，农户生产性借贷的作用主要体现在通过获得资源促进农户从事农业生产的动机，伴随金融市场化进程，国有银行网点成为借贷资源配置的主体，减弱了农户生产性借贷的作用。换言之，高度的金融自由可以为农户带来土地经营效率的提升，由于缺少政府支持与监管，农村金融市场难以释放其潜能，其对农户土地经营效率的作用还远远不够，一定程度上加剧农村地区金融资源配置的非均质布局，农户借贷资本更多地向非农部门转移，进一步加速了农村金融资本的离农程度。

第五，农户的土地经营行为具有有限理性。作为土地经营的行为主体，农户受到自身资本积累、可获借贷水平和土地经营效益的限制，具有有限的在非确定性环境中追求自身利益最大化的判断和决策能力。家庭借贷成为农户进行差异化土地经营决策的重要机理因素。在农业信贷刺激下现有经营小规模土地农户多选择转出、转入土地经营权或参与土地入股，表明农贷介入能够促进当下"三权分置"改革背景下的土地产权交易，农贷扩张有益于土地经营规模适度集中，表明金融部门在优化生产要素组合、创新农地经营方式从而提高土地效率方面可以发挥核心作用。

第六，不同金融环境水平对农户土地政策选择意愿有明显差异。调研数据显示，贫困地区农户所受金融环境支持力度较强。其中，受金融环境支持力度越大，选择土地流转政策农户越多，反之受较低金融环境支持力度的农户倾向于选择继续保有土地经营权。可见，政府通过融资渠道、农业补贴、信贷可得性等方式为农户土地生产营造良好的金融环境，一定程度上决定了农户是否继续从事土地经营活动，以及其对土地政策的期望。

第七，金融素养对农户的土地流转政策期望具有显著的正向影响，即金融素养越高的农户越可能主动参与土地经营活动，同时，提高农户的金融素养水平可以改善农户的土地政策评价。金融素养影响农户土地政策期望的选择路径依赖于风险回报认识、投资用途选择和土地抵押贷款意愿，即金融素养能够通过提高农户对投资用途的选择、投资回报的认识，以及用土地作为抵押提高信贷可得性，推动农户主动参与土地经营的积极性，选择有效提高土地生产效率、更适宜农户自身发展的土地政策。

本书创新之处在于：一是在发展经济学、金融发展与农村金融理论和经济行为学领域努力实现理论创新。例如，提出针对支持农户生计转换的生产性、投资信贷范畴、理论，定义后精准扶贫时期、农户土地经营意愿及政策期望选择等刻画农户发展的新概念，寻求发现农村金融对农户转型和"三权分置"改革过程中土地产权交易、土地规模适度集中的作用规律，对促进农户发展的政策设计提供思想资源和现实依据。二是结合农户、金融机构和财政农业支出三方面数据，从土地生产经营效率需求、供给和整体效应三个层次，审视考察金融市场化背景下农贷对农户家庭土地经营行为与效率的作用效果与作用机理。通过引入采用SFA模型、柯布道格拉斯生产函数模型、评价效用模型、多层次Logit模型、多元Logit模型等构建适合农户经济、土地经营行为及其决策的模型解释现实问题，真实、有效地反映不同层次的解释变量对被解释变量的影响。三是本书直接定位于贫困地区和贫困农户，结合大范围样本实证检验和实地田野调研经验，试图切实还原贫困地区农村金融服务状态和金融支农效应。相较于国内同类研究，本书更注重立足于贫困地区后精准扶贫时期农户经济金融发展特点，样本同为西北地区国定贫困重点县和深度贫困县，样本规模较大，所设计调查内容挖掘信息较为深入、全面。此外，研究具有多学科交叉性质。相关研究涉及行为金融学、发展经济学、数量经济学、统计学以及贫困经济学等多学科。通过田野调查和理论演绎、统计与计量分析，对上述多学科知识融合运用，相对独立地提出独创性的理论结论与政策思想。

由于研究内容、范围和方法具有学科交叉特点，农户经济行为数据收集也受到一定的局限，尤其作者学识有限，以致存在疏漏，在所难免，许多研究结论亦有待检验。恳请读者批评！

刘 莎

2022 年 10 月 24 日

绪　论

本书以贫困农村金融支持如何影响农户的土地经营行为及其效率为主线展开研究。本章首先说明在何种背景下展开研究，研究此课题的意义所在，对农村金融配置效率的范畴进行界定，阐述农村金融配置效率的内涵、相关决定要素，以及农户的土地经营行为理论，在此基础上构建农村金融效率与农户家庭土地经营行为研究的理论分析框架。

第一节　研究背景及意义

当代贫困特征也发生较大变化，中国农村贫困农户已从绝对贫困向相对贫困占主体的趋势转变。生存问题、温饱问题已不是扶贫工作的主要难题，贫困农户收入增长缓慢、增收机会和发展权利缺失成为当代农户摆脱贫困、增强经济实力的关键所在。新形势下解决"贫困难题"，需要创造贫困地区农户可持续发展的基础条件，需要扶贫资源精准到位地作用于贫困群体，需要构建贫困地区农户的自我发展机制，需要提升贫困群体自我发展脱贫致富的能力。土地制度改革为农户从事农业生产活动带来新的"红利"，有助于提高资源利用效率、克服农户家庭经营的局限，且实现贫困农户的可持续发展减贫。因而围绕农户的土地经营行为及其效率，探讨金融如何支持并促进农户土地经营具有一定的现实意义。

一、研究背景

近年来，随着国家宏观政策对"三农"的扶持力度不断加大，我国农村金融取得了长足发展。2018年中央一号文件首次论述了"促进小农户和现代农业发展有机衔接",提出研究制定扶持小农生产的政策意见,其背景是理论与政策制定层面逐渐认识到,在我国,农户发展是攸关农业基础稳固和社会稳定的一种长期存在,不仅是政策实践需要解决的农村实行家庭联产承包责任制改革40多年来所面临的新的突破口,也是2020年实现整体消除贫困目标以后能否保障原有贫困农村地区可持续发展的重大政治任务。毋庸置疑,贫困地区农户群体对生产资源占有匮乏、人力资源积累不足等因素不会随着脱贫得到消除,即使贫困群体家庭收入越过贫困线,贫困地区仍有可能存在生计脆弱性。将贫困地区农村超越贫困线之后仍然存在的"发展的贫困"或者"机会贫困"的境况概括为后贫困时期。后贫困时期农村家庭将面临生存、发展的诸多不确定性,导致越过贫困线的贫困人口可能返贫或将长期处于低收入境况。农村金融改革创新须直面进入后贫困时期农村所面临的问题。基于对西北贫困地区农村的实际调研,科学认识后贫困时期农村金融创新的路径、模式选择,对促进农村金融体系支持农业转型升级、改善金融资本与潜在生产要素结合,最终推动农村经济社会全面发展具有重要意义。

国家确定的集中连片特殊困难地区及重点贫困县在西部地区较为集中,所以,如何促进西部贫困地区农村发展是研究西部地区环境与发展的必选命题,完全不可回避。"十二五"期末我国已经实现完全脱贫目标。不过,西部贫困地区农村即便实现脱贫目标,全部家庭人均收入超越贫困线(2018年确定人均年纯收入不足3300元人民币为贫困人口),在一定时期内农村居民所面临的生计脆弱性仍很难被系统性地改变,大量农村居民收入来源中进城务工收入占比不断增加(在秦巴山连片集中特困地区达到80%),由于城市工业波动而导致其职业不确定性和收入不稳定性增强,同时叠加农村居民受教育水平低和人力资本存量不足,由此即进入后精准扶贫时期,仍可能存在发展机会的贫困。对于现有贫困地区农村"十三五"期间普遍终结贫困而进入后贫困时期所面临的返贫风险以及低收入水平长久持续的可能境况,理论研究尚未能给予充分关注。党的十七届三中全会提出"农村金融是现代农村经济的核心",由之凸显创新农村金融体制对解决"三农"问题所具有的重要意义。对于纾缓并克服后贫困时期农村面临的经济社会发展问题，金融机制必能发挥不可替代的作用。国务院于 2015 年 12 月印发《推进普惠金融发展规划（2016—2020 年）》，其要旨即在于推动构建普惠金融体系对城乡低收入、贫困群体提供金融服务。具体到研究西北地区环境与发展，就势必要前瞻性地研究西北贫困地区进入后贫困时期的农村金融体制创新问题。

后精准扶贫时期下解决"发展的贫困"或"机会贫困"难题，需要创造贫困地区农户家庭可持续发展的基础条件，需要扶贫资源精准到位地作用于贫困群体，需要构建贫困地区农户自我发展机制，需要提升贫困人群的增收能力。相关问题聚焦于能否创造环境与经济条件和形成强有力政策体系，支持、帮助贫困地区农村农户破除生计脆弱性、实现生计可持续和农户生产经营方式的转变问题。

格莱珉银行的创始人尤努斯说，穷人是天生的企业家，他或许会发现更好的机会，因为他从未得到过一次机会。诺贝尔经济学奖得主席勒也说，真正好的金融不仅仅是管理风险，还必须是社会价值的守护者。激发贫困人群的内在活力无疑是"好的金融"彰显其社会价值的途径。通过对以上背景条件的深思，本书以农户家庭作为研究的基本经济单位，从农村金融效率与农户经济行为理论出发，基于审视当下后精准扶贫时期农户家庭现状及金融减贫、帮扶实践，考察农村金融对贫困地区农户家庭经济行为与效率的作用效果、作用机理和实践状况，以求明晰以下几个问题：金融支持是否和如何影响农户家庭金融决策，金融支持在多大程度上能够为农户家庭生产力发展和调节经济不平衡提供可持续动力？农贷获得如何催生农户土地经营行为选择的心理，进而影响农户不再长久陷入生存状态？作为农业经营制度的代表，土地政策究竟应该如何有效适应贫困地区农户的生产经营活动需要？金融要素如何影响农户对土地生产经营方式的选择？农村金融对于激发贫困地区农户的内生动力在何种政策机制下能够更好地发挥作用？相关结论对于认识我国贫困农村发展中金融机制的重要推动和"杠杆"功能，无疑有重要意义。

二、研究意义

(一) 理论意义

首先,有利于深化和丰富金融效率理论的研究视角。自现代金融理论初步形成至今,经历了其理论发展的多个阶段。现存研究偏重对金融活动的单方面考察,相对较少将金融环境、金融素养、借贷获得等与其对家庭经济行为、效率的多重影响做综合研究。本书从金融效率理论入手,围绕金融效率在农村、贫困地区、农户家庭的影响机制等方面,将金融效率与农户家庭的内生发展动力结合在一起,进行系统性动态分析。因此,本书的有效尝试可以在一定程度上丰富金融发展与效率理论的研究范围。

其次,对于贫困——尤其深度贫困地区,原有贫困农户缺乏产业依托,"农户家庭经济可持续发展"显得尤为重要。相关问题聚焦于能否创造环境与经济条件和形成强有力政策体系,支持、帮助贫困地区农户破除生计脆弱性、实现生计可持续和"农户类型转换"问题。本书的研究具有重要现实紧迫性和深刻理论蕴涵。

最后,以西北深度贫困地区农户金融情况田野调查数据为支撑,丰富了我国深度贫困地区农村金融发展、农户家庭土地经营行为及其金融支持的理论研究。以往大部分研究都是以CFPS(中国家庭追踪调查)、CHPS(中国家庭金融调查),或者不同省份的面板数据为样本,通过选取反映农户家庭收入、资产等福利状况的指标来讨论金融发展对贫困农户的土地生产方式、生产效率及福利情况的改善。某种程度上缺乏了直接瞄准贫困地区农村金融经济发展现实的直观分析。而本书的研究则以2013年、2018年西北四省(区)国定贫困县2711户农户家庭金融经济田野调查数据为样本,运用面板联立模型、多层次Logit随机截距模型及交叉效应分析等,讨论了金融支持对贫困地区农户土地经营的行为与效率。预期成果对贫困经济学以及与之相关的人口、资源与环境经济学、农业经济学和金融学理论、学科发展具有重要意义。

(二) 实践意义

一方面,本书测度并审视了贫困地区以农贷为表征的金融机制对农户土地经营效率以及对农户贫困状况改善、可持续发展的作用机制和实践效果，为促进农村金融体系支持农业转型升级、改善金融资本与潜在生产要素结合提供参考价值。综合多种计量方法进行实证分析，实证结果均显示金融支持对农户生产、生活产生显著的正向效应，对农户家庭经济可持续发展起到促进作用，一定程度上消解了贫困地区农村农户生计脆弱性。进而论之，农村金融是解决贫困地区"农户脱贫后如何消解生计、收入多重不确定性"问题的必经途径。因此，我国政府实施金融扶贫战略时，应创造环境与经济条件和形成强有力政策体系，完善金融资本供给体系、增强农户获得金融支持的便利性，摆脱农户家庭陷入生存型状态，通过政策措施改善发挥金融帮扶农户家庭的长期持续动力。

另一方面，观察不同时点（2013年、2018年）秦巴山集中连片特殊困难地区样本农户微观数据，提出"生存型农户""经营型农户""农户转型"一组概念，以表征在新的经济条件下农户经济发展的主要特征，并从村庄与农户家庭异质性视角刻画农户家庭经济演进特征。对于贫困——尤其深度贫困地区，原有贫困农户缺乏产业依托，"农户家庭经济可持续发展"命题等同于"农户生产经营方式转变"命题。

基于上述，本书考察金融在农户生产经营方式转变过程中的作用机制。相关问题聚焦于能否创造环境与经济条件和形成强有力政策体系，支持、帮助贫困地区农村农户破除生计脆弱性、实现生计可持续和农户生产经营方式转变问题，具有重要实践意义。

第二节　研究目标及内容

一、研究目标

第一，通过梳理现代金融发展、贫困与反贫困理论，以及贫困地区农村金融发展和农户经济行为的相关文献，从理论上厘清农村金融与贫困农户福利效应、农业生产效率提高、生计改善等方面内在联系和作用机理，为研究农村金融效率的作用机制和探索金融助推脱贫攻坚的实施方略提供理论支持。

第二，采用历史和现实相结合的方法，审视我国贫困地区农村金融发展困境和农村金融发展演变，明确政策支持和金融部门发展有助于改善贫困落后地区的经济状况。我国实施金融体制与机制创新、农业直接补贴以及开发多种适宜的金融产品增加贫困地区农户福祉获得，通过回顾和考察农村金融减贫的演进历程与实践状况，为后文探索有效的金融效率适应后贫困时期农户内生动力发展措施奠定了现实基础。

第三，运用微观农户调查数据，描述我国贫困地区农户金融需求状况和金融机构供给状态，从供需两方面刻画后精准扶贫时期农村金融服务现状、困境表现及现实根源，为从以创新劳动、资本、土地、技术等要素角度分析农村金融对后精准扶贫时期农户生产方式转变的作用效果和作用机制，消解金融减贫效率不佳的状况提供现实考证。

第四，从微观视角检验农村金融引导、激发贫困农户家庭的可持续发展内生动力，并将农户获得的金融支持划分为不同层次，引入农业财政补贴、农户金融素养、金融环境、金融基础设施等核心变量，以及农户生计资本、生产性投资、金融资产投资、家庭规模、土地规模等控制变量，比较分析金融效率在农户家庭福利获得、农户摆脱生存型状态、农业经营制度演进的作用差异。

第五，通过探讨农村金融作用的直接和间接机制，了解农村金融发展对贫困农户生产方式转变的作用机理，并将实证结果与理想状态加以比较，反思农村金融所赖以发展的市场、工具及金融基础设施仍远不能适应农村正在发生变革的根源所在。

第六，结合国内外农村金融在贫困地区的运行效率和实证检验结果，审视农村金融减贫效果有限的内部根源，立足于后精准扶贫时期农村地区经济现状和农户家庭金融需求特点，提出完善农村金融机制如何适应变化中的后精准扶贫时期农户发展需要的策略路径，积极发挥农村金融引导、激发贫困农户家庭可持续发展能力的效力。

二、研究内容

根据研究目标和研究逻辑，本书的内容分为以下几个部分。

绪论。概述本书研究背景，提出所要研究的问题，并指明本书的研究理论与现实意义。通过对研究目标和内容的阐释，梳理国内外相关研究，确定本书的研究方法、数据收集和技术路线，最后指明创新之处和不足。

第一章：农村金融支持与农户家庭土地经营的一般理论。采用历史和现实分析相结合的方法，首先界定了效率、金融效率及农村金融效率的概念；其次从宏观金融效率、金融市场效率、微观金融效率三方面分别分析了农村金融效率作用的外在条件与内在约束；最后指出农村金融效率既能反映土地产出与农户土地收入水平，也能反映对农户土地生产经营意愿选择的影响以及农户在内部和外部金融要素影响下的土地政策期望评价，梳理并阐释金融效率对带动农户"主体意识"、激发农户可持续"内生动力"弥补"短板"，最终克服其生计脆弱性，实现金融效率的最大化，为探索有效的金融效用机制提供现实可行性支持。

第二章：农村金融扶贫现状与农户家庭的金融支持。梳理并划分农村金融扶贫的发展背景，经历体制改革推动下的金融扶贫阶段、金融支持开发式扶贫阶段、金融支持扶贫攻坚阶段、参与式金融扶贫阶段、综合式金融扶贫阶段以及金融精准助推脱贫攻坚阶段六个阶段；随后指出贫困地区农村金融服务供给主体，分析其规模与结构，并进一步探讨贫困地区农村扶贫资金来源与投向构成；同时，围绕农户家庭的经济活动，尤其是现金收支与信贷活动展开深入分析，把握农户家庭的信贷用途及其信贷可得性，揭示贫困地区农村家庭金融约束的根源所在。

第三章：农户何以选择农耕：成本收益与规模效应。以2018年田野调查微观农户数据为基础，从分析农户家庭借贷获得入手，描述农户家庭生产经营行为及其金融需求的基本特征，依次对农户家庭基于成本、收益和规模效应的土地经营行为特征，土地经营规模与农户土地经营方式选择，农贷获得与农户土地经营方式选择等现实情况进行描述性统计，从而分析西北地区深度贫困农村的农户家庭生计特征与土地金融政策引致农户土地经营方式变化的根源所在，进而把握我国金融体系对贫困农户农业生产方式的政策制度逻辑思路，为制定可行的贫困地区土地金融政策和金融扶贫开发模式提供新的思路。现状的考察与分析既有助于明晰农村金融对贫困农户效率不足的原因，也是本书实证检验和机理分析的基础。

第四章：解构农户土地生产效率：金融市场支持有效吗？基于1995—2015年农业农村部固定观察点数据，构造农户借贷获得与农户土地经营效率的SFA模型，从金融业市场化指数、国有银行网点数和信贷配置三个方面表征农村金融市场化水平，依据农村固定观察点农户数据，采用面板SFA模型测算农户土地全要素生产率，研究金融市场化对农户土地全要素生产率的影响。结果表明，样本农户的平均生产率为0.81，整体生产率低于最优水平10%—30%；以国有银行网点数和信贷配置作为金融市场化的代理变量，发现二者均对土地经营效率产生显著负向影响；根据农村金融市场化发展阶段，二者随不同观测时期依然呈现出土地经营效率的负向效应，但改革后观察期的负向效应有所减少；以生产借贷为调节变量的交互回归显示，信贷配置程度的提升促进了农户家庭所获生产借贷的机会，刺激农户家庭从事土地经营的动机更为强烈，农户土地经营效率受信贷配置的依存程度进一步加强。因此，政府应继续坚定地推进农村金融市场化改革，引导金融资本的流向，营造良好的农业生产环境与投资环境，一定程度上稳定农户的投资预期。通过本章对农户土地生产效率的深入解构，可以潜在地认为，金融市场化以及金融支农效率不仅体现在农业农村发展，更体现在对农户家庭土地经营的有效支持。

第五章：金融支持与土地规模条件下的农户的土地经营选择。本章以陕西、甘肃、宁夏及青海四省（区）952户农户的田野调查数据为依据，运用多元Logit模型实证分析家庭借贷、经营规模对农户土地经营意愿的影响，并基于分化视角的农户土地经营行为为选择问题，进一步判断影响因素在农户土地经营意愿中的相对重要性。在理论层面，本章不仅解释了规模经济效应和规模禀赋差异，导致不同规模农户在进行土地经营行为决策时要素投入及收益的不同，还从家庭借贷获得和土地"三权分置"的视角为分析不同规模农户土地经营意愿差异提供了一个分析框架，一定程度上拓展了新古典经济学中有关规模经济与效率的理论解释。以此为基础，本章验证了家庭借贷、经营规模对农户土地经营行为的影响需要经过两条路径的传递，即要素投入数量的节约与要素（服务）价格的降低，加深了借贷作为家庭金融资本对经营规模内化的认识，也增强了农户行为"有限理性"影响个体经营行为决策的理解力。在实践层面，本章为促进农户土地经营规模适度、比较收益提高的农业发展方式提供了有效的参考与建议。

第六章：金融要素是否影响农户的土地政策期望评价。基于农户土地政策选择的效用模型构建，以陕西、甘肃、宁夏及青海四省（区）农户调查数据为依据，构建农户土地政策选择效用模型，实证分析了金融环境、金融素养对贫困农户土地政策期望的影响。研究发现：作为土地经营的行为主体，农户受到自身资本积累、外部金融环境与自身金融素养等约束，具有有限的在非确定性环境中追求自身利益最大化的判断和决策能力。金融环境与金融素养均为农户进行差异化土地政策选择的重要机理因素。在良好的金融环境与金融素养刺激下现有农户多选择转出、转入土地经营权或参与土地入股，表明两者的介入能够促进当下"三权分置"改革背景下的土地产权交易，有益于土地经营规模适度集中，表明政府与金融部门在优化生产要素组合、创新农地经营方式从而提高土地效率方面可以发挥核心作用。鉴于此，提出以良性发展的金融环境构建、金融知识的普及，以及差别化信贷管理模式的实施等措施切入对此问题的研究，有助于增进土地经营绩效，激活农户土地生产内在活力和发展多种形式规模经营目标的顺利实现。通过本章对农户土地政策期望选择的深入解构，可以潜在地认为，农村金融外部环境以及农户内在金融素养，不仅表现为对土地政策的期望评价的直接影响，更是暗含了农户对土地生产经营行为的潜在选择意愿。

第七章：提高金融对农户家庭土地经营支持的建议。回顾全书研究内容，总结农户家庭土地经营的金融支持效率的核心观点与研究结论，围绕提升农户经济实力，增强对金融资源的吸引力，普及金融信贷管理模式，创新适合农户家庭的金融产品，发展"供给导向型"金融，满足农户多元化金融需求，统筹配套相关服务，构建良性发展的金融环境等方面提出提高金融对农户家庭土地经营支持的建议，展开进一步讨论，提出文章创新与不足之处，思考未来可以进一步深化研究的方向。

第三节 文献综述

对目前已有的国内外相关研究从效率与农村金融效率、农村金融效率的实现标志、小农经济行为理论、金融对农户的贫困改善作用、农业信贷与农户家庭农业生产效率、金融要素与农户家庭的土地政策期望评价、农贷与农户土地经营方式选择等方面归纳总结并作出评析，为后续研究做好理论铺垫。

一、农村金融效率及其实现标志

（一）金融效率与农村金融效率

效率指的是投入和产出之间存在的关系，是经济学中的重要内容。关于金融效率，国内外进行了诸多探究，各位学者对其探究时的切入点与重心存在一定差异，因此对金融效率的概念有各自的见解。金融效率在国外的主流经济学中通常指的是资本市场效率，而且产生具备普遍认可的有效市场假设理论EMH以及众多有关的探究结论，笔者暂时将其称作狭义上的金融效率。除此之外，西方部分学者也将其称为金融配置效率，这一概念和我国理论界、实践界通常所认定的与银行单位、金融市场、保险系统等均有关的广义上的金融效率更为相近，鲁宾逊和怀特曼（Robinson，Whiteman，1974）将金融效率划分成运作与配置两个方面的效率。雷维尔（Revell，1983）将其划分成结构与配置两种效率。由于受到国外部分探究结论带来的影响，国内一些学者在针对金融效率进行探究时，通常会参考西方学者们提出的资本市场效率，从20世纪中期开始，我国学者包括俞乔（1994）、王亚玲和张庆升（2005）等人进行探究时一般运用定量剖析并与实证相结合的方式。大部分学者将金融理论发展作为出发点，并进行特定的定量探究，授予金融效率更为宽泛的定义。比如，王广谦（1997）早期把金融效率这一概念作为单独课题列入金融理论探究当中，把"机构观"当作探究的基础，认为金融效率指的是金融运作水平的高低，而且将其分成金融机构、金融市场、金融宏观以及中央银行对于货币的调控四种效率进一步了解；把金融资源当作探究基础的形式是开创性的，其提出金融能够持续发展，此理论将金融效率等同于金融资源配置的效率，其中涵盖了微观效率以及内外部总体效率三个方面。杨德勇（1999）指出金融效率是国家金融在国民经济的发展过程中的作用及效率，将金融要素投入与国民经济运行成果加以对比，其能够划分成宏观、微观和金融市场效率。王振山（2000）指出金融效率是金融资源形成帕累托最佳配置的状态。谷慎（2006）将这一观念作为探究基础，对于农村金融效率等同于农村金融资源配置效率方面加以明确，换言之，农村金融资源配置实现帕累托最佳状态。潘文卿（2003）等把金融效率界定成金融资源的配置效率。沈军（2006）根据系统和资源两种角度对金融效率加以探究，将其划分为微观与宏观两种，前者指的是金融中介进行的资源配置效率，而后者涵盖了微观、金融渗透率及适应效率三个方面，此类划分方式首先将微观与宏观分成截然不同的两种，另外又把微观金融效率当作宏观的一个方面，貌似出现了逻辑重复的问题。辛念军（2006）将金融效率要素列入经济增长理论当中，把金融效率定义成金融作用效率，针对我国在转型过程中经济上升时金融动员的效率以及金融配置效率进行考核。米运生等（2009）表示要由微观与宏观两个角度对金融效率加以分析，前者指的是金融单位本身的经营效率，通常是用成本或者利润效率代表；后者一般是金融对于经济的发展所带来的推动作用。

本书沿用经济学中学者们对效率的界定，参照学者描述的金融效率内涵，将农村金融效率这一概念刻画为在一定的农村环境和农业生产技术条件下，通过展开金融资源的配置活动，对农户生活、消费、生产方式、生产效率等的贡献程度，探索其能够多大程度地适应并激发农户内生动力，以促进农村经济社会可持续发展和农户的深层次金融需求。因此，本书中农村金融效率既反映为农业产出与农户收入水平，也反映为以农贷表征的金融机制在农户福利效应的最大化、促进农户由生存型向经营型转变，以及在提高土地效率方面发挥的功效。

（二）农村金融效率的实现标志

农村金融效率的高低需要一套客观的评价标准用以衡量，然而衡量农村金融效率的方法并不能完全照搬。我国贫困地区农户当下正处于后精准扶贫时期，农户家庭普遍存在"发展的贫困"或"机会贫困"问题。金融作为贫困农村发展中的"杠杆",为农户家庭提供了他们所需的资本、技术和投资机会。因此,本书所讨论的贫困地区的金融效率更多地体现为将扶贫资源精准到位地作用于贫困群体,为贫困地区农户家庭创造可持续发展的基础条件,构建自我发展机制,以及提升贫困人群自我发展脱贫致富的能力等。对于农户家庭,金融是否和如何影响农户家庭的经济决策,金融资本在多大程度上能够为农户家庭生产力发展和调节经济不平衡提供可持续动力?金融如何催生农户生计行为选择的心理,进而影响农户由生存型向更有效的经营类型转变?农业经营制度究竟应该如何有效适应贫困地区农户的生产经营活动需要?农村金融对于激发贫困地区农户的内生动力在何种政策机制下能够更好地发挥作用?这些层面才是现阶段我国贫困地区农户家庭金融效率的重要体现。

二、贫困农村地区的金融效率

金融发展对于减贫具有正面效果,金融发展能够推动贫困区域的经济提高并完善收益分配。郑长德(2008)表示金融发展能够推动经济提升及收益分配,但对减少贫困发生率带来负面影响,金融中介的发展能够减贫。苏基溶和廖进中(2009)预估收益分配与经济提升效应有助于提高贫困人口的收益,前者占比为31%,后者占比达69%。丁志国等(2011)指出农村金融发展能够减贫,其间接影响超出直接影响。所以,政府要注重间接效应,不能够过分单一地重视直接效应。崔艳娟和孙刚(2012)对于其正面作用表示支持,指出金融波动可以和减贫效果互相抵消。郑长德(2006)针对我国金融中介发展对于减贫效果以及收益分配之间的联系利用格兰杰因果检验法加以验证,表示金融中介的发展能够限制贫困发生率,而且能够推动经济提高并完善收益分配。吕永斌和赵培培(2014)利用国内 30 个省份 2003—2010 年的面板数据,对于农村金融发展反贫绩效作出探究,表示农村金融发展规模以及其效率对反贫困产生的作用具有一定的差别,前者是正向影响,后者则是负向的影响。对于我国及各个区域的面板数据作出剖析,对于我国金融发展减贫效应进行探究,得出的结论是两者之间具有负向联系。东部区域减贫效应相对最强,中部区域则最弱。林茹、栾敬东（2014）对于我国金融发展能够减贫的正面效果表示认同，同时指出金融发展的规模、效率、经济提升及收益分配等与减贫具有稳固的均衡联系。

  有些学者表示金融发展和减贫之间不具备非线性联系，金融发展推动减贫必须要在特定环境下形成，而由于时间期限、金融机构特征、农户收益及服务途径的差异，其影响力会出现差距。杨俊等（2008）利用 VAR 分析的方式，得出在短时间之内金融发展对农村减贫带来正面作用，然而其效果并不显著，长期而言反而出现限制性效果。从整体角度而言，金融发展并不是推动减贫的关键性要素。陈银娥、师文明（2010）凭借时间序列的数据，将我国农村中正规与非正规金融对于减贫的作用加以划分，通过探究得知，金融波动与非正规金融均出现了负向作用，正规金融产生的正向作用也并不显著。米运生（2009）针对金融自由化层面加以剖析，得出国有商业银行从农村撤除网点后，造成农民无法享用金融发展带来的优势，加剧农村贫困现象。师荣蓉等（2013）利用了省际面板中的数据，针对金融减贫条件特点作出剖析。随着人均收益不断改变，金融发展所具备的减贫作用体现出隐性累积、隐性减速以及显性加速的状况。苏静等（2014）使用面板平滑转换的方式，由农村贫困的范畴、程度及强度三个角度，针对农村非正规金融发展产生的减贫效果进行探讨，表示其具备明显条件值特点。张兵和翁辰（2015）利用空间面板模型对于农村金融减贫空间溢出作用与条件特点等作出探究。不仅如此，一些学者将农村金融各种途径作出划分，比较剖析两种金融带来的减贫作用。胡宗义等（2014）利用 PVAR 模型进行剖析，因为农村正规金融在供应、需求及相关机制方面具有不足之处，导致其作用未得到全面发挥，相反则在减少贫困、降低贫困差距方面产生负面作用。付兆刚和张启文（2016）利用面板平滑转换的模型，所得出结论一致，非正规金融限制贫困现象，反之，正规金融则不利于减贫。上述学者们的诸多剖析，通常是把金融发展当作整体，针对金融发展的规模、自由化及效率等层面，采用省际面板数据以及特定阶段数据，利用各类计量方式对金融发展及其减贫效果作出验证。

三、农户家庭土地经营行为及金融机构的支农效应

已有文献就金融市场化是否有助于提高企业绩效进行了探讨。根据金融深化理论，在金融自由化经济中，市场化机制可以实现生产性资源有效率的配置，从而提高企业绩效［麦金农（Mckinnon），1973；肖（Shaw），1973］。因此，减少政府对金融市场的干预，能够提升金融机构有效配置资源的能力（赵宸宇和李雪松，2017）。现有研究在考察农业经济增长时虽已关注到了金融体系的重要作用，但仍认为金融市场化并不一定能够提高资源配置效率。金融市场化不仅没有缓解农户生产面临的信贷约束，情况反而可能会进一步恶化。作为农业生产的微观主体，农户要在一定的资金约束下作出生产、投资决策，无论是扩大农业生产投资，还是缓解暂时的生活困难，都离不开资金的支持（刘莎和刘明，2021）。由于面临金融约束与生产资本的缺口，导致农户长久以来增产、增收受限。虽然现阶段农村金融机构市场化显著提升了其金融支农水平，但受益对象是新型农业经营主体，普通农户的信贷约束仍未得以缓解（马九杰等，2020）。加之农业生产存在周期长、收益低、风险高的特征，若由市场来配置金融资源，农村金融机构可能会出于逐利目的，农户往往更难获得资金支持。各个发展中国家农村金融改革的一个最终目的就是缓解农户的信贷约束，增加信贷获得。金融市场化也逐渐成为发展中国家农村金融改革的主要方向。究其根本，我国渐进式的农村金融发展改革是引致农村居民面临借贷约束和资本不足的主要制度原因（汪昌云等，2014；周振等，2015）。因此，农村经济增长和农业发展面临要素瓶颈（黄金辉，2004），可能需要农村金融市场化水平的进一步提高。

四、金融要素与农户的土地政策期望评价

当前关于土地经营的研究热点集中在对农村土地"三权分置"的权利性质界定、促进农户土地经营意愿选择的因素分析，以及土地经营方式转变对"农业、农村、农民"发展产生的综合影响研究。

对于"三权分置"改革下土地经营权的理解，有研究认为，土地经营权

应是土地承包经营权人行使其权利而设定的次级用益物权（蔡立东和姜楠，2017；丁文，2018），一般通过市场竞争放活土地经营权以增加农民转让权的价值（高圣平，2016）。陈小君（2014）、高海（2016）则认为经营权并非只有物权化才能激活农用地的担保属性，土地经营权应具有债权性质。

关于土地经营意愿选择的动因及其对农村、农业、农户的影响研究，较为一致的观点认为，土地规模及收益必然影响农户从事土地经营意愿的决定［阿特伍德等（Atwood, et al.），2002；斯奈德和朗格米埃（Swider, Langemeier），2009；多列夫和金希（Dolew, Kimhi），2008］。由于我国土地资源匮乏，土地的自由流转导致土地亩产收益较低的农户将土地租让给土地亩产收益较高的农户，对优化农村资源配置有显著影响（陈雪婷等，2019）；土地经营权的转出能够显著降低农户的贫困脆弱性，且农户贫困脆弱性随着转出土地面积的增加而降低（彭继权等，2019）；但受现金流的约束，农户的土地经营决策同样会受到影响，具体表现为大规模土地经营农户通常选择扩大规模抵御风险，小规模土地经营农户则有时选择转出部分土地降低土地规模，以换取一定的土地转让金［霍庇（Hoppe），2014］。为缓解农户现金流的约束，农户通过借贷的方式增加土地生产资金的获取，此类讨论是流动性约束在微观层面研究的一个延伸，目前已形成许多成果。已有文献主要从以下几个方面展开：一是探讨借贷需求的产生及其对土地经营规模的扩大效应。蔡海龙和关佳晨（2018）对所调研的不同经营规模农户借贷需求进行分析，认为在有需求农户中76.34%的农户能够取得借款，其中，大规模经营农户对贷款的需求比小规模农户家庭的更大，获得贷款的能力也相对较强。二是研究融资约束对土地经营意愿的制约［凯特和奥林托（Cater, Olinto），2003；塔塞尔（Tassel），2004］。三是拥有土地经营权或持有土地面积数对借贷约束的缓解。土地面积作为家庭偿债能力的指标之一，对农户借贷需求起正向作用（黄惠春，2014；杨阳等，2019）。肖轶等（2012）的研究结果表明，耕种规模面积较大的农户较容易达成规模化耕种，融资约束也较容易得以有效缓解。此外，大量研究证实，户主性别（吴云青等，2016）、家庭劳动力数量（孔凡斌和廖文梅，2011）、非农就业状况［罗森茨魏希（Rosenzweig），1978］以及农户金融服务认知（钟晓兰等，2013）等家庭特征对农户的土地经营意愿均有显著的影响作用。

纵观前人研究结果后发现：在土地经营意愿动因研究过程中，关于不同规模农户的差异化经营方式鲜有讨论；同时对于土地规模及收益、家庭借贷能否促进农户从事土地经营意愿的决定，学者们在实证研究中仍存在分歧；更值得一提的是，现有研究较多关注土地规模及收益对农户是否流转土地经营权的影响，而鲜有讨论对不同土地经营方式的影响差异。

农户土地经营意愿研究分为三个维度：首先是土地经营方式的作用机理研究，对于农户，尤其是贫困地区的农户，相关研究主要集中在土地经营方式的脱贫减贫效用（贺胜年等，2019）、土地利用绩效评估［吉恩和戴宁格尔（Jin，Deininger），2009］等问题的研究。其中，杜鹰（2018）对参与土地流转后的农户的剖析，论证了土地经营权转变会加重贫困产生，土地政策制定前必然要权衡土地经营权转变效益和农村贫困危害间的利弊；章元和万广华（2009）发现土地流转通过保障低收入群体的租金收入和缓解异质性农户的非农收入差距来降低农户间的收入不均等。其次是土地经营方式的实现机制研究，代表文献包括对重构农村集体经济组织实体加快土地市场改革、引入中间机构联结土地流转双方的论述（李勇和杨卫忠，2014；李恒，2015）。最后是土地经营方式的发展趋势研究，包括对新型农业经营主体的土地经营行为[①]，以及农户的经营规模化等论述（冀县卿等，2019）。其中，李宁等（2016）设计了在保持农户家庭经营主体地位的同时，借助土地股份合作社建设实现"三权分置"过程中土地有效流转的理论模型。罗必良和李玉勤（2014）、张笑寒和岳启凡（2019）、张益丰等（2019）的研究发现，适度规模化的耕种模式是提高土地及其投入要素使用效率的最优途径，同时可以兼顾增大土地亩产，是目前中国农业现代化极为有效的发展途径。

关于土地产权制度的研究主要集中在产权稳定性与农户投资的关系。应瑞瑶等（2018）的研究指出，地权稳定性的提高能够鼓励农户持续进行农业生产投资，尤其是与特定地块相连的农用化肥的投资；土地确权有助于提高贫困

---

① 蔡荣等：《加入合作社促进了家庭农场选择环境友好型生产方式吗？——以化肥、农药减量施用为例》，《中国农村观察》2019年第1期。

农户的收入，缓解信贷约束，改善经济状况（宁静等，2018），并且有利于增强农户的产权强度，长期来看能够提高农户的流出或者流入土地的意愿（王士海和王秀丽，2018）。贺胜年等（2019）的研究发现，土地整治能有效降低农户多维贫困程度，贫困发生率和平均剥夺份额均得到缓解。因此，土地产权制度与贫困农户生产方式、减贫效果都有密不可分的关系。

关于金融要素对土地政策选择意愿的影响，目前国内学者已从多角度作了探讨。从现有的研究来看，已有文献主要从以下几个方面展开：一是探讨农户内在金融素养对土地经营意愿的影响，钟晓兰等（2013）从农户生活感知、农村社会保障认知及农户金融服务认知等方面探寻农地流转意愿的主要影响因素。二是从外部金融环境角度进行探索，施海波等（2019）研究发现，从短期来看，土地流转支持政策的实施可能会促进规模经营水平的迅速提升，但从长期来看，随着支持政策的持续实施，一些偏离政策初衷的弊端和问题可能会逐渐暴露。三是农户金融资源禀赋对土地经营规模的扩大效应，陈飞和翟伟娟（2015）指出，国家"三农"支持力度的加大，农业补贴政策的实施，可以有效降低农业生产成本，促使农户的土地租入意愿增强，同时，家庭金融负债也对土地租入意愿具有显著正向影响。江激宇等（2016）将上述因素按其影响的程度分为浅层次因素（农户借贷能力、借贷途径、贷款经验）、中层次因素（家庭金融资源禀赋）与深层次因素（政策激励等），并发现外部金融环境因素才是影响农户从事土地规模种植意愿的深层次因素。

五、文献评述

既有研究在金融对贫困或是发展落后的农户家庭效率方面进行了多层面的研究探讨，对本书关于农村金融支持下农户土地经营效率提升、农户土地经营意愿及经营方式转变、土地经营制度的演化等方面的研究起到了支持、铺垫作用。结合对贫困地区农村金融实践与农户的深入调研，列出下述问题在以后研究方向的选择、研究的论述中需加以关注。

（1）以往关于金融发展对农业生产率的研究多是从金融深化的维度进行探讨，而从金融市场化这个维度的研究相对较少，且对其作用途径的研究较为有限。本书将农村金融市场配置金融要素的行为主体和作用对象——农户作为基本经济单位,对金融市场化作用途径的分析有助于政策制定者在实际操作中更有针对性地制定相关政策。相较于以往的研究,本书的贡献主要体现在:第一,认为市场配置下金融资源会从两个方向带来农户农业全要素生产率的变化,分别是由于金融资源随制度变迁在时间分布上产生的生产效率变化,称为直接配置效率,以及由于金融资源通过农户生产性借贷获得导致物质资本和人力资本配置效率变化,进而引起全要素生产率变动,称为间接配置效率。第二,除了使用樊纲等(2011)的金融业市场化指数,本书还利用国有商业银行网点数和信贷资金配置比作为金融市场化的代理变量,探讨金融市场化对农户农业生产率的作用机制。

(2)从现有研究来看,对于农村贫困地区农户对现有土地政策的期望评价方面的研究较为缺乏,金融要素如何影响农户对土地政策的评价,尤其是金融素养和金融环境作为农户具有的内在与外部金融要素,如何培养贫困地区农户的内生发展能力,保障持续脱贫并避免陷入"脱贫—返贫—再脱贫—再返贫"的恶性循环,农户对土地政策满意与否是保障其良性发展的关键。本书试图从农村贫困群体对土地政策认知的角度,依据贫困农户对所期望土地政策的选择,了解土地政策的落实与实施情况,结合农户自身的金融素养与外部金融环境,并深入分析其对土地政策的满意度,进而分析土地政策的实效性,以此为土地政策持续发展提供参考。

(3)当前已有研究大多是从宏观层面对农村地区人地关系、社会保障、制度分配,以及微观层面的农户家庭特点、土地特点等对农户土地经营意愿进行分析。但是,在当前时期,城乡经济社会一体化、农村"三权分置"体制的完善、农业社会化服务的完善,给农村经济发展带来了机会,让农民由最开始的解决"温饱"发展成当前的如何"增收"。那么,之前研究主要是基于地权稳定性、农村土地制度等对农户土地经营情况进行分析,与当前实际情况发展无法匹配。在当前时期,过于关注土地的"保障功能"而忽视"经济功能"会存在一些问题,也会与实际发展不相符。并且,农户经营资本的缺乏直接对农户行为造成影响,而已有研究对家庭借贷变量的影响多为其供需失衡、借贷约束、获取渠道等研究，缺乏将土地规模收益、土地产权制度改革相结合的扎实的实证研究。因此，本书将土地规模、收益变量及家庭借贷变量纳入农户土地经营意愿的研究之中。

第四节 研究方法与数据收集

以全国农户家庭及贫困地区农户家庭调研数据为支撑，丰富了我国农村金融发展与农户土地经营行为的理论研究。以往大部分研究都是以整个国家的时间序列数据，或者不同省份的宏观面板数据为样本，本书以"后贫困农村金融农户调查"课题组开展的实地农户微观调查数据为主，通过选取反映农户家庭禀赋、土地经营行为及金融条件等指标来讨论金融发展对农户土地经营行为的作用效果。一定程度上，改善了宏观数据的不足。一定意义上，丰富了此类研究的方法和数据获取。

一、研究方法

（一）规范分析与实证分析相结合

规范分析被当作实证分析的理论起点与终点，不过还要将实证分析当作本书的研究基础。研究中对有关理论与文献给予整理与分析，并参考理论模型与研究方式，对农村贫困地区的金融效率、对农户金融需求的影响及金融现状进行分析，这些都是实证中要解决的问题，那么为何会存在该种情况，其作用机理为哪些，国内农户家庭与金融制度效率之间的内在关系是哪些，农村金融体制如何更好与贫困地区经济发展，乃至农户家庭发展相匹配，这些都是要后续研究中进行解决的。

（二）定性分析与定量分析相结合

本书就农村金融对农户家庭土地经营的作用机理进行分析，围绕金融的贫困帮扶效率进行回顾，对国内外有关研究情况进行分析，以及对贫困户土地经营模式、生产效率等进行研究，这些都是通过定性分析的方式。本书对农村金融机构供应情况、农业财政补助、农户金融素养、金融环境、借贷可行性等使用定量分析的方式，从而实现定性与定量之间的有效结合。

（三）纵向与横向分析相结合

对国内贫困地区农村金融发展现状进行分析，预估农村金融对缓解农户家庭贫困效果时，通过纵向与横向研究相结合的方式。不仅包含时间序列、截面数据，还包含面板数据。通过历史演进方式，对农村金融制度发展历程进行分析，能够更好地掌握其发展轨迹与趋势特点。也可以就相同时期数据开展不同类型村县的状况、金融状况、农户生活、生产方式的对比，明确地域之间的不同状况。

（四）文献归纳与田野调查相结合

对国内外有关研究文献进行分析，给本书研究带来重要的参考；全面研究贫困地区农村金融开展现状，通过实际调查方式给本书研究带来重要数据。对已有研究成果进行整理与归纳，给本书框架制定、思路演进以及模型设置带来基础，将获得的实际调查数据与资料开展统计分析，使用实证法能够让论证具有更强的说服力。本书第三、五、六章涵盖数据均来源于深入贫困地区农户家庭的田野调查记录。

（五）理论与逻辑一致方法

始终从长期历史角度就国内农村金融制度发展进行分析，基于理论层面对该种历史变迁过程进行研究，最后得出其本质就是贫困地区经济发展与转型以及农户意识觉醒的发展过程，并且还是市场经济快速发展对金融创新的冲击。

二、数据收集

本书第四章数据采用中共中央政策研究室、农村农业部农村固定观察点办公室（下文简称"农村固定观察点办公室"）编制的《全国农村固定观察点调查数据汇编（1995—2015 年）》。其中涵盖全国 31 个省（区、市）23000 个农户家庭数据。农村固定观察点办公室连续多年基于固定不变的村和户进行长期跟踪调查，数据具有稳定且连续的特征，便于动态跟踪与综合分析。样本时间取自 1995—2015 年。

第三、五、六章数据来源于陕西师范大学"后贫困农村金融农户调查"课题组开展的实地农户调查。其中第五、六章数据使用 2018 年分别在西北地区陕西商南县、宁夏同心县、青海乐都区、甘肃康县的 952 户有效调研数据。调查内容包括农户家庭基本人口特征、金融素养、土地规模、土地经营方式、收入、住房条件、金融服务情况及政策扶持等方面。

本书第四章研究全国农户家庭相关问题的原因在于，农村金融改革具有总体性，对贫困地区来说，中国整体金融改革具有一般性，其重点突破、重点举措、改革环境，与贫困地区农村基本一致（包括农村信贷的投放，同样具有极大相似处）。因此，从全书设计上有章节对全国农户家庭经济金融情况进行描述，很大程度上决定其作为研究西北贫困地区农户家庭设计的逻辑起点。

三、研究框架

本书以贫困农村金融支持影响农户土地经营行为及其效率为主线，首先，说明在何种背景下展开研究，研究此课题的意义所在，对农村金融配置效率的范畴进行界定，阐述农村金融配置效率的内涵、相关决定要素，以及农户的土地经营行为理论，在此基础上构建农村金融效率与农户家庭土地经营研究的理论分析框架。

其次，通过相关统计资料和数据，从金融业市场化指数、国有银行网点数和信贷配置三个方面描述农村金融市场化水平，考察在金融市场化作用下农户土地经营行为的内涵机制及效率。

再次，运用样本地区实地调研数据，结合农户土地经营收益、生产性投资、土地规模情况等多个层面展开探讨，对农户家庭的融资行为及其土地经营行为特征进行描述，并深入分析其对土地经营方式的选择，进而分析土地政策的实效性，分析农村金融如何支持土地经营制度改革，为促进农户土地经营规模适度、比较收益提高的农业发展方式提供了有效的参考与建议。

随后的研究中，从农户对土地政策认知的角度，分析农户受到自身资本积累、外部金融环境与自身金融素养等约束，具有有限的在非确定性环境中追求自身利益最大化的判断和决策能力。探讨农村金融外部环境以及农户内在金融素养对土地政策的期望评价的直接影响，以及对土地经营行为的潜在选择意愿的内在行为过程逻辑。

最后，剖析农村金融对贫困地区农户家庭土地经营行为与效率产生影响的深层次作用机制，在综合理论、实证分析的基础上，提出金融结构势必要适应农村金融市场及所服务农户群体所发生的新变化的总体方案，以及加大运用农业信贷、农业保险等金融支持工具的力度，综合运用财政政策、产业政策等配套措施与对策建议。具体研究框架如图 0-1 所示。

第五节 研究创新之处

根据现有的文献和研究思路，本书的创新之处在于：

一、研究视角的创新

一方面，将贫困地区农户家庭经济发展有效性主要概括为"生存型农户向经营型农户转变"。对此适当展开分析、说明论证，并将农户户主"金融素养"等家庭经济主体特质引入上述转变有效性的解释变量。事实上，决定农户投资选择、风险识别与分担能力等且能够量化的"金融素养"，是农户能否充分利用地方与家庭特色资源、有效识别农业投资机会，以及将机会转化为实际投资并获得收益的重要因素。另一方面，针对目前我国贫困地区农户家庭的阶段性特征，本书提出后精准扶贫时期范畴并对其内涵进行界定，其关键部分分析也主要源于对后精准扶贫时期农户面临问题的认识。书中具体分析中按照国家划分贫困线标准，对在 2020 年以前已经实际进入后精准扶贫农户家庭作分层分析。

二、研究方法的创新

研究方法的创新包含对数据的处理与对模型的使用、设计。笔者独立改进的内容有：（1）田野调查数据处理方法方面。为了克服农户调查中收入数据收集困难及数据失真问题，采用"实物折实法"估计农户家庭种植、养殖业等来源收入。例如，收集农户家庭种植作物的具体种类、年亩产量，养殖牲畜、家禽的数量及存栏、出栏数目，依据当年各农作物的收购价格，对农户的

图 0-1 研究框架图

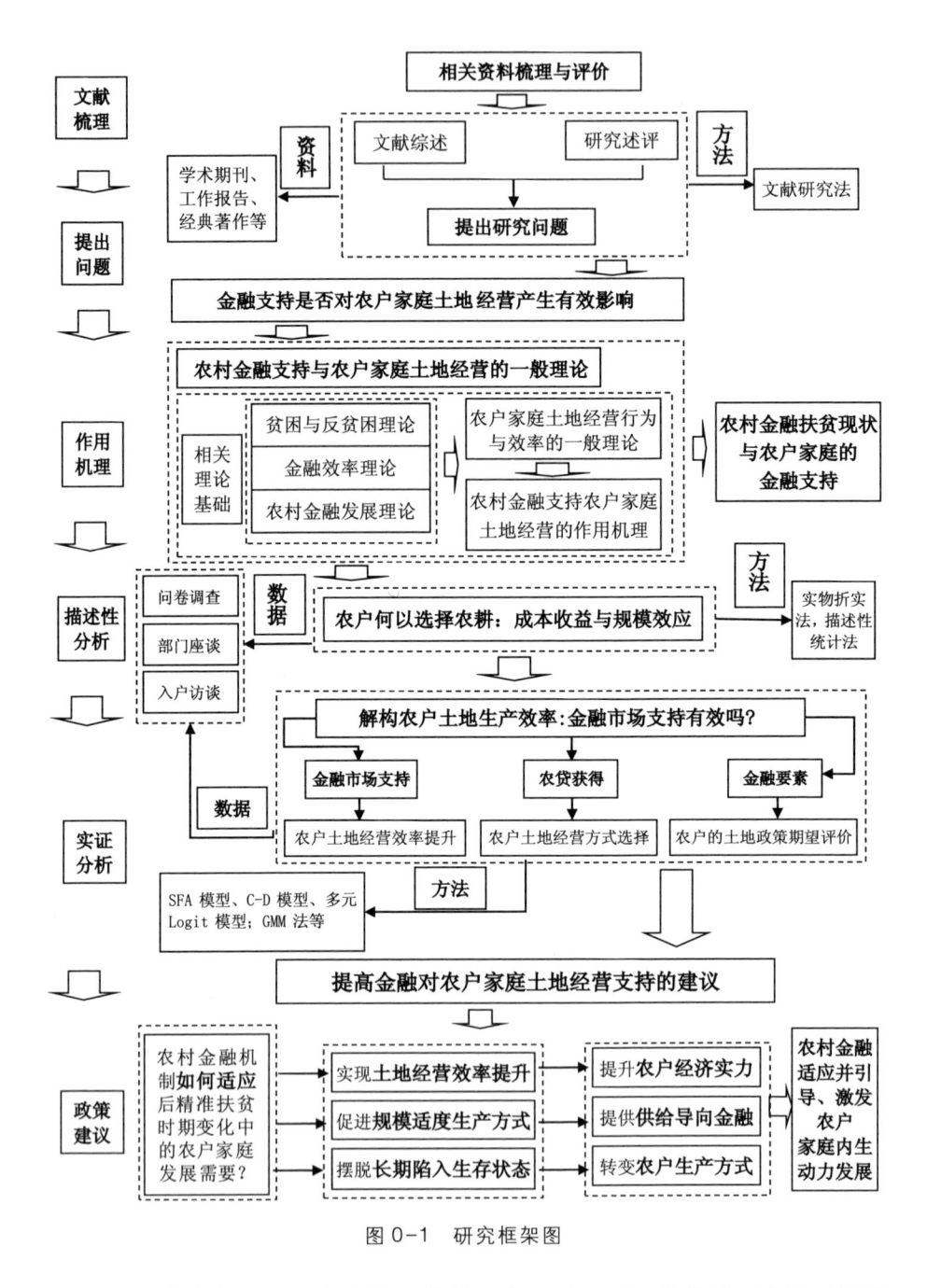

家庭收入进行估算。（2）研究模型的使用与设计方面。本书第四章通过构建包含金融部门内生化的全要素生产率模型考虑农户土地经营效率的情况，得出

金融市场化影响下与家庭资金流动有关一系列土地生产经营活动的基本规律，这也更符合农户家庭土地经营活动现实；同时，除了使用樊纲等（2011）的金融业市场化指数，还运用国有商业银行网点数和信贷资金配置比作为金融市场化的代理变量，探讨金融市场化对农户农业生产率的作用机制。第六章考量金融要素如何影响农户对土地政策的评价，尤其是金融素养和金融环境作为农户具有的内在与外部金融要素，如何培养贫困地区农户的内生发展能力，保障持续脱贫并避免陷入"脱贫—返贫—再脱贫—再返贫"的恶性循环，农户对土地政策满意与否是保障其良性发展的关键。

三、研究理论观点的创新

第五章不仅解释了规模经济效应和规模禀赋差异，导致不同规模农户在进行土地经营行为决策时要素投入及收益的不同，还从家庭借贷获得和土地"三权分置"的视角为分析不同规模农户土地经营意愿差异提供了一个分析框架，一定程度上拓展了新古典经济学中有关规模经济与效率的理论解释。以此为基础，该章验证了家庭借贷、经营规模对农户土地经营行为的影响需要经过两条路径的传递，即要素投入数量的节约与要素（服务）价格的降低，加深了借贷作为家庭金融资本对经营规模内化的认识，也增强了农户土地经营行为的"有限理性"影响个体经营行为决策的理解力。

第 一 章

农村金融支持与农户家庭土地经营的一般理论

金融作为"造血式扶贫"的重要途径,一方面通过提供各种金融产品和工具,满足贫困人群的金融需求;另一方面通过向贫困地区输送资金,培育贫困地区和人群的自我发展机制,改善农户家庭"生存型"生计状态、提高家庭福利获得以及生产效率的发展模式,从根本上扭转"小农"家庭长久陷于经济落后状况的境况。本章从金融相关理论出发,系统梳理金融发展、金融效率、"小农"概念史及其经营行为与决策的文献,在引用前人理论、学术思想及研究方法的基础上,梳理现有研究的不足之处,为本书研究以农贷表征的金融机制对农户土地经营生产效率的提高、土地经营方式的选择和转变等方面作用效果、作用机制等问题提供丰厚的理论根基。

第一节 农村金融发展与效率的一般理论

20世纪五六十年代,现代金融理论初步形成,经历了"金融结构论""金融抑制论""金融深化论""内生金融增长理论""金融约束论"等重要阶段。其研究更多强调了金融发展与经济增长、金融发展与收入分配、金融体系功能以及政府在金融市场的作用等方面。本节选取贫困与反贫困理论、现代金融发展理论、金融效率理论以及农村金融发展理论等作为农村金融发展与效率的一般理论,将金融发展和贫困减缓结合在一起进行系统性分析,为研究金融发展对贫困减缓的作用效果、贫困地区农村金融发展困境、小额信贷实施效果等方面奠定理论基础。

一、贫困与反贫困理论

(一) 马尔萨斯人口抑制减贫论

针对反贫困的探究资料相对较多,有关探究结论目前已然成为完整的系统。马尔萨斯认为人类能够生存主要依赖于食物,而两性具有性欲也是必然结果,该观点出自其《人口原理》一书。在此基础上探究贫困产生的缘由:人口增加的速度快于物资增长速度,前者以几何级数的速度,后者则是以算术级数的速度增加,造成过剩人口及贫困现象的出现,这是不以人的意志为转移的客观规律。所以,要彻底根除贫穷,可以通过抑制人口增加的方式使得物资增加与人口上升得以均衡。而限制人口增加的方式有两种,一种是"道德限制",就是利用节育或晚婚的形式抑制人口增长;另一种是"积极限制",就是利用疾病或者战争的方式使人口数量减少。该观点是负面且片面的,不但忽视了技术与生产力不断发展带来的重大影响,同时将贫困出现的本源掩饰。所以,马克思和恩格斯认为马尔萨斯提出的人口抑制减贫论是极其无情的。

(二) 马克思反贫困理论

马克思的探究角度是制度,探寻资本主义制度中出现贫困的缘由以及消除贫困的方式,进而了解到资本主义运用的生产方式是推动贫困加剧的本源。因为资本主义的根本是生产剩余的价值,资本家利用占据无产阶级剩余劳动的方式得到剩余价值,一些用在资本家自身的奢侈生活,另一些变为资本,进而扩大生产,形成资本累积,进而从中获取大量剩余价值,在此循环中,资本家会采用新型技术将劳动生产率进一步提升,导致资本增加,劳动力需求降低,最终造成剩余劳动出现,产生众多失业者。所以,资本累积带来的结果就是财富资源主要集中在少数富人手中。马克思表示无产阶级出现贫困的根本原因在于资本制度,要消除贫困,无法依赖于资本主义社会发展,只能消除私有制,不再使用雇佣制度,推翻资本主义制度的统治,创新并实施新制度,从而消除贫困现象。马克思的探究与上述马尔萨斯的机械化探究截然不同,其揭露无产阶级贫困的原因,并以贫困者的视角为其权益呐喊。但是马克思反贫困的理论本身也具有限制性,其出现于资本主义社会的早期阶段,对于目前的发展中国家以及社会主义国家解决贫困问题并未进行探究。

（三）罗森斯坦·罗丹和纳克斯的平衡增长反贫困理论

20世纪50年代之后，大量发展经济学家对于贫困和反贫困的问题作出探究，不但将反贫困理论进一步深化，而且将该理论实现模型化，这一理论极为重视资本与工业化的促进效果，着重指出资本稀少与缺乏投资是保持增加的重要原因。罗丹表示，发展中国家大多是以农业发展为主，其脱离贫困的主要方式就是利用大批量资本，投资基础设施及相关单位，确保基础单位能够率先发展，从而推进其他相关的单位共同发展，提高国家的工业化发展，从而摆脱贫困。其表示，经济各个层面的相关单位是互相依存且具有联系的，假如只是对单独的工业机构进行投资，无法产生大规模投资收益。因此要针对国民经济的所有部门一同实行大规模的投资，并且要确保每一部门依照各自的比重得到投资，进而出现推进式的均衡提升。纳克斯的思想与其相近，号召全方位大规模投资经济发展的各个部门，利用平衡增长的方式解决贫困的问题，而且表示发展中国家穷主要是因为国家的贫穷造成其整体储存率过低，资本缺少，从而导致经济无法快速增长，落入贫困的恶性循环当中。摆脱恶性循环的方式就是实施平衡增长模式，首先，各个部门平衡增长能够形成拓展市场规模的外在经济，从而造成递增收益；其次，可以推动供应与需求的均衡发展，使得经济发展；最后，各个部门是互相依赖运行的，因此其必须要共同发展。平衡增长理论需要国家进行干预，制定出全方位的经济发展规划理论，为发展中国家的未来发展带来战略思想，然而在实际中能够落实的难度非常高，国家的过多干预同样会使市场在发挥资源配置中的作用受到限制。

（四）纳尔逊低水平均衡陷阱理论

与纳克斯"贫困恶性循环理论"非常相似，纳尔逊又将人口因素引入贫困分析之中。认为人口增长率和人均国民收入存在高度相关，当人均收入的增长率高于人口的增长率，人民生活质量将提高，从而死亡率降低出生率提高，致使人口增长率上升，人口增长过快又会将人均收入拉回至原来的水平。因此，如同一个"低水平均衡陷阱"，只有进行"临界最小努力"的资本投资，使收入的增长高于人口增长，才能摆脱"贫困陷阱"，打破贫困的恶性循环。

与纳克斯思想非常相近，莱宾斯坦的思想同样强调"临界最小努力理论"的重要性。认为要打破贫困，外界的刺激和内部的努力非常重要，而当外界刺激和内部努力程度小于临界点，则不能打破贫困恶性循环；当外界刺激和内部努力程度大于临界点，则可打破贫困均衡。

罗森斯坦·罗丹、纳克斯、纳尔逊和莱宾斯坦等早期发展经济学家的观点表明资本积累和投资规模的大小是阻碍经济发展和贫困减缓的主要瓶颈，而投资所需的资金作为重要的经济资源和财富，其获取不仅包括经济体本源的积累，更需要现代经济的核心"金融"融通整个社会经济活动，有效配置资金余缺，促使货币资金的筹集、流通和使用充分而有活力，打开"贫困恶性循环"链条，促进国民经济良性循环发展。

（五）舒尔茨人力资本理论

众多发展中国家的政府采用"唯资本论"的理论，将其作为制定反贫困战略的指导思想。但是发展中国家贫困的主要原因并不是缺少资本，而是在于增加了投资却并未使产出提高，因此对于解决贫困问题的效果并不显著。舒尔茨是美国的经济学家，一直致力于农业经济方面的研究，他表示只是单纯地依赖物质与劳动力增加来促进经济增长的方式，无法完全满足现代经济、素质、知识等人力资本的提升，对于经济增长的效果并不明显。他就资本作出了新的定义，表示资本涵盖了物质与人力两种资本。同时，将人力资本划分为质与量两种，量指的是劳动者的人口数量，质则表示劳动者本身具有的知识、素养等方面。舒尔茨的观念和传统的经济发展理论存在较大差异，他进一步指出发展中国家经济发展缓慢主要是由于人力资本过于欠缺，而且缺少对人力资本投资。

（六）缪尔达尔循环累积因果理论

缪尔达尔作为结构主义的经济学家，根据整体与动态两种视角作出探究，这一方式与之前新古典经济学家运用静态均衡的方式存在较大差异。其表示事物发展的规律是最初变化—次级强化—提升或降低的结论—最初变化。此外，社会经济发展主要是由于各类复杂的要素一同产生的作用，包括政治、文化、资源等各个方面。产出增长仅仅作为经济发展的一小部分，经济发展所带来的影响在社会整体、政治、文化甚至制度等各方面的变化中得以体现。各个要素间具有互相影响、互为因果的联系，而且利用循环累积的形式对经济发展产生影响。缪尔达尔是根据制度的视角针对发展中国家贫困作出探究，其表示国家贫困的主要原因在于人均收入偏低，但收入低是由于国家整体的经济、政治、制度等各个方面共同影响而产生的结果。其指出可以利用制度革新的方式解决贫困问题，比如利用教育、社会保障等相关制度的革新使得人均收入提升，进而强化穷人消费，获得更多投资，提升生产率以及产出水平，进而提升国家整体的人均收益水平。

（七）阿玛蒂亚·森的"赋权"反贫困理论

"赋权"是指"赋予权力、使有能力"，赋权的对象是失权的个体或群体。阿玛蒂亚·森（1981）在《贫困与饥荒》中指出：无论经济繁荣或衰退时期，饥荒都可能发生。而实际中最严重的饥荒，是由于穷人未能获得充分的食物权利，即在生产粮食能力不变的情况下，如果权力关系变化也会产生最严重的贫困与饥荒。因此，要改变贫困与饥荒，就应该回归至权利体系的调整。而权利关系决定着一个人是否有权利得到足够的食物以避免饥饿。从而阿玛蒂亚·森提出了非常重要的观点："贫困的根源在于权利的匮乏，要摆脱贫困，首先要保证穷人的食物权利"。通过制度革新，设立能够让穷人享有公平与自由、参与和决策，并获取基本生活所需的医疗、教育和公共服务的权利。从权利角度，阿玛蒂亚·森对贫困问题进行了开创式的分析与研究，并且解释了"涓流理论"无法解释的问题，即经济增长下贫困不减反增的现象。这是由于穷人和富人所拥有的权利差距较大，穷人权利的匮乏致使其难以分享经济增长的好处，反而贫富差距进一步加大及地位更为悬殊，贫困更为加剧。

二、现代金融发展理论

西方古典经济学家将研究焦点集中于实体经济，认为金融虽然具有货币流通和资金融通的功能，但是在经济发展中的作用并不凸显，甚至持有货币"面纱观"的思想。维克赛尔（Kunt Wicksell）和凯恩斯（John Maynard Keynes）尽管肯定了货币对经济增长的实际作用，但并未系统化分析金融发展与经济增长之间的关系,也未体现金融对于经济增长的重要地位。直到 20 世纪中叶,约翰·G. 格林(J. G. Gurley)和爱德华·肖(E. S. Shaw)才专门辩证分析了金融与经济之间的作用,并提出"一国经济有效运行与否,很大程度取决于金融制度效率"的观点,拉开了金融发展理论研究的序幕。

(一)金融结构论

金融发展理论得以形成并进一步发展是将约翰·G. 格林(J. G. Gurley)、爱德华·肖(E. S. Shaw)、H. T. 帕特里克(H. T. Patrick)及戈德·史密斯(Gold Smith)等人的观点作为基础。帕特里克在 1966 年尝试剖析出金融发展和经济增长之间的作用与联系,指出了两种金融发展的形式,即"需求追随"及"供给领先"。在经济发展的最初阶段,将"供给领先"型的金融作为重点,而在经济发展高级阶段,"需求追随"型金融则更占据优势。对经济相对落后的国家,要运用金融领先发展的货币供给带动政策。

1969 年,随着戈德·史密斯的著作《金融结构与发展》出版,其观点成为金融发展理论的基石。首先,金融工具、金融机构、上层建筑与经济基础的关系共同形成金融结构,而且金融的发展也就是金融结构出现了变化,其中涵盖了金融工具与金融机构的多元化。另外,戈德·史密斯指出金融相关比率能够体现出一个国家或者地区在金融方面的发展状况,是衡量金融结构及其发展情况的指数。再者,他将 35 个国家近 200 年的数据加以剖析,总结得到关于金融发展的 12 个基础规律,其中包括金融相关比率出现逐步上升的走向;金融相关比率在上升至 1—1.5 时会趋于稳定,而相对不发达的国家在金融相关比率值方面一般处于 0.67—1 之内;长期内经济和金融发展存在相互促进、相互制约的关系等。金融结构论首次单独把金融发展引入经济增长的分析过程,而且作出了系统探究,得出金融相关比率指标,仍是学术界中衡量金融发展的关键依据,也是金融发展理论的基础。

(二)金融抑制论

1973 年,罗纳德·麦金农在《经济发展中的货币与资本》一书中提出了金融抑制理论,他表示金融要素与金融制度针对经济的增长不是中性的,金融能够推动或者限制经济的增长,主要是由于政府制度。部分国家的政府因为落实了不合适的金融政策或制度，强制性地干涉机构设施、资金运营模式等相关金融活动，导致利率与汇率水平出现偏差，造成通货膨胀环境中，实际利率降低为负数，使得人们减少储蓄。而且政府实施信贷配给机制，信贷资源缺少，投资水平低，对经济的增长带来负面作用，进而出现金融限制的状况。金融限制一般是由于下面几点对经济增长产生影响，比如控制存贷的利率，造成实际利率为负，限制社会对于金融中介机构的实际贷款量；设置较高的商业银行法定存款准备金率，对于公共单位实施低利息的贷款利率，使得国内的资源大多流入国有机构；利用税收或法律规定对于市场的准入与退出实施严格管理，压制私营企业与机构的竞争。因为金融限制对于金融系统的稳健发展带来了不利影响，而且使得经济和金融进入恶性循环。所以，要实施金融深化革新，推动资源优化配置以及资本累积。

（三）金融深化论

关于金融限制对于经济增长、技术发展以及资本累积带来的不利影响，爱德华·肖提出了金融深化的思想，具体表现为金融资产的种类增多，金融资产流量以储蓄为主，金融系统规模增加等各个方面。倡导发展中国家的政府对于金融方面减少干预程度，实行金融自由化的发展策略，让利率与汇率能够利用市场机制体现出资本市场的供应情况。在管制宽松之后出现高利率水平，能够获取更多投资以及储蓄，进而促使经济进一步发展。不仅如此，也要重视加强国内储蓄，更好地限制通货膨胀，使得利率、储蓄、投资及经济实现良性发展。因为以上两位学者针对金融限制和金融深化的问题作出了深入剖析，而且其获得的结论相近，所以，其观点被后人统称为"麦金农—肖"理论。之后，大量学者将其观点作为基础，从各个层面对金融深化作出补充。例如，加尔比斯（Gabbis，1977）由利率政策与投资的视角作出剖析，表示高利率能够推动资金由低效率的部门转入高效率的部门，加强投资质量从而推动经济的增长。弗莱（Fry，1978）指出利率水平加强会减少资金的过量需求，提高投资的平均收益。

（四）内生金融增长理论

20世纪90年代部分学者打破了"麦金农—肖"的理论剖析架构，假设了内生增长思想，针对金融中介与金融市场的产生作出剖析。首先探讨了金融系统在经济发展的过程当中是怎样内生出现的，本西文加、史密斯认为金融中介形成后，不但使社会资本结算规模减小，同时也节省了成本。而且，人们拥有了更多生产性资产，加大该方面的投资，可以推动经济发展。施雷夫特（Schreft）与史密斯（Dutta）根据不确定性层面对金融中介的产生作出剖析，表示市场分割与信息不对称导致其形成。杜塔、卡普尔（Kapur）[1]指出货币流动性以及预防性的需求，使得金融中介出现。另外，剖析了金融中介和经济增长具备的相互联系。如金（King）、莱文（Levine）[2]利用 AK 模型，针对金融发展对于经济增长的作用途径加以剖析。该阶段的理论是以内生增长理论作为基础，在批判"麦金农—肖"观念的同时予以发展，打破了之前的剖析架构，从实证视角对其加以补充。

（五）金融约束论

20 世纪 90 年代，金融危机大范围爆发。许多经济学家开始质疑"金融深化论"的可靠性，探寻金融市场失效的根源。其中，斯蒂格利茨（Stiglitz，1990）提出了金融约束理论。政府通过实施控制存贷款利率水平、限制金融市场准入和管制直接竞争等系列金融政策，在民间部门创造更多租金机会。通过租金创造和租金在生产部门和金融部门重新分配，从而激励金融部门、生产部门和家庭之间生产、投资和储蓄的积极性，促进经济协调发展。与"金融抑制论"和"金融深化论"不同，"金融约束"处于"金融抑制"和"金融自由化"的过渡阶段。而东南亚金融危机的爆发，更凸显了只有具备一定宏观经济环境和微观基础的国家，才适合通过"金融自由化"推动金融发展。对于发展中国家而言，选择性政府干预对金融发展更具重要性。

三、金融效率理论

"金融效率"一词在学术界并未有准确的界定。学者们对此看法迥异，也

---

[1] J. Putta, S. Kapur, *Liquidity Preference and Financial Intermediation* [J], *Review of Economic Studies*, 1998, (65).

[2] R. G. King, Rose Levine, *Finance and Growth: Schumpeter Might be Right* [J], *The Quarterly Journal of Economics*, 1993, (108) 3, pp. 710–740.

存在较大的争议。鲁宾逊和怀特曼于1974年提出，金融效率可以被看作操作效率和配置效率。操作效率是指在金融交易发生过程中，产生的成本与收益比较来衡量的；配置效率则指能否将资金有效引向生产性用途，随之产生的一种效率。贝恩（A. D. Bain，1981）认为金融效率就是提供多样化的支付方式，为社会的金融活动提供便利服务，这些用以支付的金融工具将会对资金进行最优配置，进而达到整个社会的效益最大化。雷维尔（Jack Revell，1983）集合前述经济学家的研究结论，进一步提出金融效率可分作金融结构效率与资源配置效率。国内有不少学者已经对金融效率的内涵给出明确界定，王振山（2000）以纯理论视角明确界定了金融效率，他认为，从金融的资源配置是否有效入手，可以将其视作如何实现金融资源的帕累托最优状态。王广谦（2002）认为，金融效率其实是对机构的金融运作能力进行评价，以其运作快慢来衡量效率的大小。杨德勇（1999）则从投入产出的视角，把金融效率看作一个国家金融在经济体系中所产生的效率，也就是说，将投入的金融要素与一国经济产出相比的一种结果。综上所述，学者们对金融效率并没有给出一种准确的定义。在分析现实中的金融效率时，同样不可以粗略使用效率的一般分析方法。即使不同学者对其认识存在差异，然而我们依然可以依据所要分析的现实问题，寻求衡量金融效率的方法。

四、农村金融发展理论

长期以来，发展中国家农村金融领域的金融抑制让农村经济主体的借贷需求无法获得满足，为创建一个可以满足农村经济主体借贷需求、实现农村地区快速发展的农村金融体系，农村金融领域中出现了三种理论，即农业信贷补贴论、农村金融市场论和近年来随着信息经济学的崛起而出现的不完全竞争市场论。

（一）农业信贷补贴论

20世纪80年代之前，农村信贷补贴论（Subsidized Credit Paradigm）在农村金融理论中占据着主要位置。其主要前提是，由于农村人口（特别是贫困人口）不具有储蓄，农村存在着十分严重的资金缺乏问题。并且因为农业自身具有的产业特点，如收入不定性、投资长期性、收益较低等，导致其无法变成商业银行的融资对象。因此，要想缓解农村资金问题，就必须能够从外部进行资金引入，创建非营利性金融单位，实现资金的有效分配。依据该理论，为减少农业与其他产业间的收入差距，农业融资利率要比其他产业更低。因为非正规金融通常具有高利性，给农业生产带来了不利影响，一定要利用政府政策对其进行控制，甚至让其消亡，即利用商业银行在农村地区的分支单位与农村信用合作社，给农村带来大量的低息资金，缓解农村对资金的需求。

该理论支持一种信贷供给先行的农村金融战略［亚当斯（Adams），2002］，但其基本假设是不正确的。实际上，即便是贫困户，也会具有储蓄需求。很多亚洲国家经验证实，若具有储蓄机会与激励体制，很多贫困户都会开展储蓄（Adams，2002）。低息贷款政策很难实现促进农业生产和向穷人倾斜的收入再分配目标，首先，由于其用途的可替换性，低息借贷对促使农业生产的作用非常微小。其次，贫困人口并无法从低息借贷中获得直接好处，大多被集中并转移到需要大笔借贷的相对较为富有的农户身上。

因此，就创建有效、独立的农村金融体系而言，该理论的开展是无法实现的，农业信贷补贴可以运用在农村金融市场制度失灵的地区。

(二) 农村金融市场论

进入20世纪80年代，农村金融市场论或农村金融系统论（Rural Financial Systems Paradigm）逐渐替代了农业信贷补贴论。该理论强调市场机制的作用，极力反对政策性金融对市场的扭曲，其主要理论前提与农业信贷补贴论完全相反，认为农村居民及贫困阶层是有储蓄能力的，没有必要从外部向农村注入资金低息政策妨碍人们向金融机构存款，抑制了金融发展运用资金的外部依存度过高是导致贷款回收率降低的重要因素，由于农村资金拥有较多的机会成本，非正规金融的高利率是理所当然的（张晓山、何安耐，2002）。因此，农村金融改革的重心：其一是农村内部的金融中介在农村金融中发挥重要作用，储蓄动员则是关键。其二是为了实现储蓄动员、平衡资金供求，利率必须由市场决定。实际存款利率不能成为负数。其三是农村金融成功与否，应当根据金融机构的成果资金中介额及其经营的自立性和持续性来判断。此外，没有必要实行专向特定目标贷款制度。没有必要实行为特定利益集团服务的目标贷款制度，通过市场选择农户，农户的借贷行为完全反映市场的要求。同时，非正规金融具有一定合理性，不应无理取消，应当将正规金融市场与非正规金融市场结合起来。该理论适用于建立有效的竞争性农村金融市场，对于保持农村金融的长期、稳定发展意义重大。但该理论忽略了农村金融的特殊性，即存在竞争性金融不能发挥作用的领域，如建立和维持市场运作秩序框架，在这些领域，政府在一定程度上的干预与介入，将起着辅助和促进作用。

（三）不完全竞争市场论

20 世纪 90 年代后，东南亚等地区和国家发生了严重的金融危机，揭示出市场机制并不是万能的，政府干预对于稳定金融市场来说仍是相当重要的。受此影响，在农村金融理论方面，人们也认识到要培育稳定的有效率的金融市场，仍需要一些社会性的、非市场因素的作用。

斯蒂格利茨的不完全竞争市场论具有相当的代表性。斯蒂格利茨认为发展中国家的金融市场不是一个完全竞争的市场，尤其是放款一方金融机构对于借款人的情况根本无法充分掌握不完全信息，如果完全依靠市场机制就可能无法培育出一个社会所需要的金融市场。为了补救市场的失效部分，有必要采用诸如政府适当介入金融市场以及借款人的组织化等非市场要素。虽然，政府在金融市场中的作用十分重要，但是政府不能取代市场，而是应补充市场。政府对金融市场监管应采取间接控制机制，并依据一定的原则确立监管的范围和监管标准，即市场上的不完全信息问题作为"市场缺陷"可以用政府干预来解决。斯蒂格利茨的结论是国家干预论，即可以通过引入金融组织或活动多样化来促进农村金融市场竞争，建设竞争性的金融市场。在竞争性金融市场的边界之外，也就是在竞争性金融市场不能发挥作用之处，政策融资工具如补贴、参与担保、促进小额信贷的商业化和财务上的可持续性等可以发挥辅助性的作用。但政府的位置只能是提供授能环境，建立与维持市场秩序框架，起辅助性的、促进性的作用。

上述农村金融发展理论在政府干预、利率管制、贷款资金的筹集等方面具有一定差异性，如表 1-1 所示。

表 1-1 农村金融领域三种代表性理论的主要区别

	政府干预	利率管制	对金融机构的管制	贷款资金的筹集	专业贷款的有效性	对非正规金融的评价
农业信贷补贴论	必要	实行低利率管制	必要	从农村外部注入	有效	弊大于利
农业金融市场论	不必要	自由市场利率	不必要	农村内部筹集	无效	有效
不完全竞争市场论	市场机制失效时必要	放松管制	应逐渐放松管制	主要从内部筹集，不足部分由政府提供	方法适当时有效	政府应适当引导

第二节 农户家庭土地经营生产行为与效率的一般理论

一、"小农"概念史及其经营行为

我国现代农业的道路问题一直以来是学术界争论的热点。现代农业亟须解决的问题是如何对待农户和农户未来的发展方向，尤其是西北贫困地区。由于自然条件限制了地区经济的发展，西北地区存在许多挣扎在贫困线上下的农户。总结来看，小农经济行为理论主要由三种流派构成：以舒尔茨和波普金为代表的形式主义的"理性小农"观点；以恰亚诺夫和斯科特等为代表的实体主义的"生存小农"观点；以马克思为代表的"剥削小农"的观点。

第一，形式主义的"理性小农"观点，以舒尔茨和波普金为代表。在新古典经济学的基础上，舒尔茨认为农户经济行为是一种理性的行为，农户在生产过程中生产要素可以得到充分配置。他认为传统农户生产方式落后、发展停滞，不能够成为经济发展的源头，主要原因不在于传统农业生产要素配置效率低，更重要的是传统农业投资回报率低，农户对储蓄和投资缺少经济刺激。舒尔茨在《改造传统农业》中提出农户行为类似于资本主义企业，有趋利避害和寻求利润最大化的特点。在传统农业中，农户是完全有能力使用各种生产要素的，他们不是愚昧且不思进取的，相反，他们具有与资本主义企业家一样的经济理性。波普金在舒尔茨的基础上发表著作《理性的小农》，提出了"理性小农"并进一步认为，小农的农场用资本主义的公司描述最为适宜，可以将其看作市场上的投资者，认为小农是能够在权衡各方面利益之后，会以利润最大化为最终目标，作出合理决策判断的人。

第二，实体主义的"生存小农"观点，以恰亚诺夫和斯科特等为代表。恰亚诺夫理论的核心为"劳动—消费均衡论"，该理论的基础源于"家庭生命周期说"。这一理论认为家庭农场的经济状况是呈现周期性变化的，周期性的波动取决于家庭生产者与消费者的比例。在这种学术观点中，农户生产及消费从自身需求出发，在满足家庭需求和劳动的辛苦程度之间追求"有条件的均衡"，农户对农产品的生产主要用于满足自身消费而不是寻求利润最大。家庭农场所从事经济活动来源于满足家庭成员生活必需，劳动是实现这一生计目标最主要的手段。遵循自身发展的逻辑与内在发展规律，这是小农所特有的体系。恰亚诺夫理论实证数据源于19世纪末俄国乡村的农户调查，这种俄国小农社会是缺少市场要素的。因此，恰亚诺夫模型的有效性和其对现实的解释力存在质疑与争议。卡尔·波拉尼继承了恰亚诺夫和斯科特的理论观点，对市场利润追求的普遍化、功利"理性主义"世界化的分析思路与方式进行了批判，并且指出在没有资本主义市场存在的社会体系中，经济行为是嵌入社会关系当中的，因此需要将经济行为作为社会制度的过程研究。

第三，"剥削小农"观点，以马克思为代表。马克思主义者在小农和地主阶级生产的关系中探索其状态，揭示出小农受剥削的本质，以此作为分析的起点。马克思恩格斯认为，农户以家庭分散经营作为主要经营模式，使用的生产工具落后简单，运用世代相传的农耕技术，相对先进的现代农业生产技术较少；农户处于自给或是半自给的生产状态，其生产力发展水平低，社会化、专业化及商品化程度低。该理论认为小农落后主要是因为其生产方式的落后和低效，生产规模不是主要因素。因此，马克思认为改造小农的重点是对其落后生产方式的改造。小农作为被剥削的对象，通常被认为是过去生产方式的残余。在资本主义生产方式的不断发展中，小农生产越来越难以为继。

对小农未来命运的看法存在两种观点，分别为"小农消亡论"与"小农稳固论"。英国古典经济学家亚当·斯密认为，随着劳动分工、资本逐渐积累引发社会变革，先进的资本主义大工业必然取代农户自给生产。马克思认为，农业的发展路径会与工业的发展路径相似，自耕农户没有土地后成为农业无产阶级，农村也会发展成为两种阶级，农业资本家与其雇佣的劳动者处在阶级的对立面。小农稳固论的学者认为，小农社会存在的根本在于他们遵循原本逻辑，帮助他们抵抗资本主义的扩张力量。恰亚诺夫认为小农生产是一个独立的经济系统。而马克思主义中的进化派观点认为，作为小商品生产的一种过渡方式，小农生产有其特定的生产和再生产法则。根据小农社会自身的社区价值，这种价值有能力抵抗资本主义现代化冲击，在具备合适环境的情况下，小农能够发展出适合自己的现代化策略。

在现阶段我国的经济社会条件下，农户大量存在有其独特的历史必然性。我国在长期的社会主义建设过程中处于社会主义市场经济体制的过渡时期，在这一具有中国特色的特殊时期，我国广泛存在的小农形式不能完全理解为舒尔茨的"理性小农"，也不是恰亚诺夫的"生存小农"，可以看作"生存小农"向"理性小农"过渡的特殊时期，我们可以将其称为"理性的小农"，并不是追求"理性行为的最大化"而是"条件的最大化"。农户的生产规模小，脆弱性程度较高，这使得农户对于风险避之不及。因此，农户条件最大化可以总结为两个方面：高保障以及高收入，并非是单一追求利润。一般农户在进行生产决策时会考虑最为不利的情况，以及预测其发生的可能性。

我国小农发展可以归纳为四个阶段，由"传统小农户"发展成为"商品小农"，进一步发展为"社会化小农"，最终成为"现代小农"，即这四个阶段依次更替发展。在我国工业化与城市化进程中，农户的大量存在和城乡二元结构有利于各类风险转移，在一定程度上维护了社会的安定。当小农家庭通过外出务工和家中务农同步进行的分工形式，以较低的成本使劳动得以再生产，降低了我国制造业输出的成本，由此农户生产可以说是中国现代化的蓄水池和稳定器。但是国内学者也提出质疑，对于当下中国农民处于市场化向现代化转型的快速发展期，传统小农理论不足以对中国的农民行为作出分析和解释。

二、农村金融支持的农户生产行为效率与减贫作用

由于探究视角、采用信息及选择方式存在差异,众多学者探究该问题时所得出的结论也各不相同。部分学者表示金融发展对于减贫具有正面作用,而且可以从直接与间接两个方面加以验证。与此相反,还有部分学者表示因为金融机构的逐利性以及收益分配不均衡,金融发展在大多数状况中对于减贫会产生负面效果。

首先,金融发展正面冲击带来农户减贫成果。

农村金融的不断发展使得机构覆盖范畴以及服务领域加大,金融产品的类型增加,使得大多数农户可以在生产、生活方面满足其融资的需求。迈克尔·奇巴（Michael Chibba,2008）表示金融—减贫—发展目标的联系中,金融机构发展、金融理论知识、小额信用贷款以及公共部门的支持具有关键性影响。道格·皮尔斯和朱尼尔·戴维斯（Doug Pearce,Junior Davis,2004）也认为,发展中国家的金融机构显然能够促进全球金融的发展,尤其是有助于缓解贫困,而最大问题在于农村金融市场的缺陷限制了贫困和生计的改善。伯吉斯和潘德（Burgess,Pande,2003）选取印度农村银行十几年来的数据信息,验证了金融机构的数量与农村贫困之间存在的反向关系。盖道等（Geda,et al.,2006）利用埃塞俄比亚城乡家庭相关信息,研究金融发展对减贫带来的影响,并发现金融工具有平衡消费的效果,能够缓解贫困问题。鲁厄德·鲁本和卢德·克莱克斯（Ruerd Ruben,Luud Clercx,2003）着重表示农业信贷在贫困区域具有的关键作用。农村金融能够减少农业危机,使农产品的产量与农户收益更加稳固,而且为引进使用新技术带来了资金支持。针对政府在农村金融发展中的作用,雅各布·亚龙（Jacob Yaron,2004）表示要明确政府的间接指导职责,将直观农业补贴转变为以价格作为指导的金融服务活动,利用实现金融持续创新推动农户收益增加,从而缓解贫困的问题。由以上分析可知,国外诸多学者普遍认为金融部门发展对于提高贫困地区收益有正面作用。一方面,资金的投入有利于贫困区域引进和人才培育,完善基础设施,缓解贫困地区农业经营条件脆弱问题；另一方面,通过金融机构信贷或储蓄活动,农业经营风险

有助于农户实现平衡消费。

不仅如此，部分学者重视金融发展是将经济增长作为基础的，利用经济上升推动贫困人员自主从中获取利益的间接效果。针对经济提升、收益分配与贫困之间联系的相关研究目前已十分成熟，学者将其中的关系叫作"PGI理论"。将经济提升作为金融减贫的介质进行探究，多拉尔和克雷（Dollar，Kraay，2012）指出，经济发展的任何阶段，经济的增长与减贫之间具有正向相关的联系。哈利利安和柯克帕特里克（Jalilian，Kirpatrick，2002）在对42个国家的样本信息数据作出剖析验证之后，获得的结果是一致的，在特定经济水平中，金融能够利用经济提升解决减贫问题。通过探究得出，金融发展在推动经济提升的同时，能够减少贫困人口比例，金融发展提高10%，贫困人口比例则减少3%。

在20世纪90年代之前，在金融发展和收益分配方面学术界并未有过多探究，但它们却紧密相关。金融发展利用经济的提升对收益分配的结果产生影响，也就是说，金融发展能够推动部门或者地区经济的提升，然而经济提升的结果在各类群体中的分配比重不尽相同，从而使得贫富差距出现改变。李宏毅等（H. Y. Li, et al., 1998）利用面板数据了解到，金融持续发展能够更好地解决收入不均衡的问题，提升八成贫困人口的收益。不仅如此，贫困人口在生产生活上资金方面的缺失可以利用金融发展实现，进而减少贫困问题。Jalilian，Kirkpatrick（2002）分析42个国家面板数据后了解到，金融发展提升1%，发展中国家贫困人口的收益会提升0.4%左右。克拉克等（Clarke，et al.，2003）针对91个国家面板资料后获得的结论基本一致，增加金融与信贷市场的准入对于增加贫困人口收益具有正面作用。德米尔古特—昆特和莱文（Demirguc Kunt，Levine，2009）对跨国面板数据作出深入量化剖析。通过探究得知，金融发展推动经济提升时，六成出自对经济提升带来的影响，其他则源于减少收益差距，而且国家贫困发生率得到显著改变。

格林伍德和约万诺维奇（Greenwood，Jovanovic，1990）最初提到的金融发展和收益分配具有倒"U"形联系，这一观点和库兹涅茨提出的经济增长和收益分配之间具有倒"U"形曲线联系的理论相近。金融发展的最初时期，穷人无法承担借贷的成本,所以在借贷机会方面并不平等,贫富差异增加。在发展成熟之后,贫困人口的财富也得到累积,其得到机会均等,因此贫富差异随之缩短。阿吉翁和博尔顿(Aghion, Bolton, 1997)、伯恩哈特(Bernhardt, 2000)等人获得类似结果,金融发展与收益分配具有非线性联系,穷人由金融发展使得收益增加出现周期性的改变。另外,出现了"涓流效应",降低了贫富之间的差距。松山(Matsuyama, 2000)表示在金融发展超出低状态时,富人投资的效应对穷人带来改变,进而社会不平等的问题逐步得到解决。

其次,金融发展对农户减贫产生的负面冲击。

部分学者根据金融发展对于减贫带来的影响,与以上文献中的内容不同,指出农村金融对于减贫产生的正面作用是在固定环境中形成的,金融所具备的不稳定性、自由化以及收益分配差异太大对农村贫困人口带来负面作用。奥尔登和普罗科片科(Holden, Prokopenko, 2001)、卡那韦等(Canavireetal, et al., 2008)表示,因为要顾及成本、风险以及规模经济等方面要素,贫困区域建设金融机构的分支通常会有较高成本,因而阻碍了农民了解金融服务的契机,金融发展阻碍了减贫,由金融系统开发程度进行参考。兰詹和津加莱斯(Ranjan, Zingales, 2003)表示假如金融系统是非竞争性的,则只有富人会得到益处,贫穷人口对于信贷限制与金融具有抵触,金融减贫的方式则带来负面作用。Stiglitz(1998)得出了类似的结果,表示金融市场不健全会阻碍穷人进行借贷,使投资机遇与得到收益的概率降低,成本较高且信息不均等会深入阻碍穷人在金融部门得到资金,进而导致贫富差距更大。阿雷斯蒂斯和坎瑟(Arestis, Cancer, 2004)针对金融自由化方面,表示因为穷人得到金融服务的水平不足,金融自由化造成过多资金用于相同部门,导致配置效率偏差,对穷人以及有关部门的进一步发展带来负面影响。但是让纳内和普达(Jeanneney, Kpodar, 2005)观念不同,其表示金融波动带来的影响对穷人更严重,而且因为金融发展与收益分配之间具有非线性联系。加洛尔和泽拉(Galor, Zeira, 1993)、拉瓦雷(Ravallion, 1997)指出,如果分配不平等产生的影响超过经济提升减贫效应时,那么金融发展则会阻碍减贫。

第三节 农村金融支持对农户家庭土地经营效率的影响

金融市场化是指国家或地区金融部门减少政府管制，转变为由市场力量配置资源的过程（周业安和赵坚毅，2005）。根据金融深化理论观点，在金融自由化的经济中通过市场化机制可以实现生产性资源有效率的配置（Mckinnon, Shaw, 1973），可以提高企业绩效，推动地区经济发展。因此，金融市场化也逐渐成为发展中国家金融改革的主要方向。金史密斯（Goldsmiths, 1969）最早涉及有关金融市场化问题的研究，随后Mckinnon 和 Shaw（1973）的开创性研究表明，利率机制可以使金融自由化发挥促进福利的作用，在金融自由化的经济中通过市场化机制可以实现生产性资源有效率的配置。此后学者们从不同角度和不同时期的内涵对金融市场化与一国经济增长的关系进行研究。一种观点认为金融市场通过提高利率使金融市场实现竞争性均衡，从而减轻金融抑制，促使经济增长［高希（Ghosh），2006］。此外，政府对金融机构准入的放松加速金融市场化，使低效甚至无效的金融机构退出，减轻信息不对称，降低交易成本，提高金融市场运行效率，要素市场的精准有助于资本配置的优化，从而推动经济发展（Stigliz, 2000）。也有学者持不同观点，指出金融的市场化带来过度风险，导致宏观经济运行的不稳定性加剧，甚至引发金融危机［德米尔古特—昆特和德特拉贾凯（Demirguc-Kunt, Detragiache），1998］。有鉴于此，有学者主张通过政府审慎管理对金融市场进行干预，给予金融体系稳定运行的保障（Stigliz, 2000）。因此，本章提出以下假设：

H_1：金融市场化进程可能会对农户农业生产率产生抑制作用。

那么，金融市场化影响农户农业生产率的内在机制是什么？本书认为可以通过金融市场化改革后的农村金融机构网点扩张和农村正规、非金融机构信贷配置变化两条途径作用于农业生产率。

农村金融市场化水平往往意味着农户从事农业生产所需资本环境的优良程度，较为自由的金融市场代表农村地区储蓄动员能力与资源配置能力的提升。一个例外是，如果当地已经是一个过度竞争的金融市场结构，农村金融机构的设立对区域资金动员能力不产生任何影响，甚至由于过度竞争，造成整个银行系统的储蓄动员能力下降。但如果当地的农户和中小企业信贷市场是过度竞争的，农村金融机构的市场进入则可能产生挤出效应，即地方性金融机构所配置的信贷资金规模不变甚至减少，从而农户和中小企业获得的信贷资金总额不变甚至减少。一般而论，农村金融机构的设立使地方性金融机构的数量增加，信贷资金的规模扩大，从而增加农户的资金供给。

我国自1998年开始对国有商业银行进行股份制改革探索，股改后四大国有商业银行不再服务于特定领域，转型为加入市场化竞争的经济实体。由于其逐利本质，大部分原国有商业银行分支机构、网点逐渐从农村地区撤离，从而形成农村信用社对农村正规金融市场的垄断态势。2003年，国务院颁布的《关于深化农村信用社改革试点方案》推动以"明晰产权"为核心的市场化、商业化改革。然而，改革所赋予的商业化特征使农村信用社不再愿意将资金主要投入农业领域，加上股份制改革引发的农村金融体系萎缩导致农村信用社负担加重，农村信用社的合作金融属性几乎全部丧失（谢平，2001），对农户贷款的支持力度显著下降。

农村金融市场另一个重要供给源自新型农村金融机构。2006年年底，在中国人民银行和中国银监会的推动下，农村金融市场"准入新政"出台①，2007年年初银监会发文，允许股份制商业银行在县域设立分支机构，在放开市场的同时推进农村金融市场化改革，允许高风险的农村信用社通过并购、重组等市场化手段退出，组建新的商业银行。截至2018年12月，全国已有超过5000家村镇银行金融网点。从上述举措可以看出，政府期望通过放松农村金融市场管制、引入竞争，提高农村金融市场效率。新型农村金融机构的设立，有利于进一步优化金融资源的配置（张正平和杨丹丹，2017）。但是随着时间的推移，农村金融网点的扩张会抑制资金外流（谭燕芝等，2018），打破原有的农村金融体系需要时间的积累（田杰，2020）。

然而，放松管制及其带来的兼并、市场进入与市场退出等现象有可能对特

---

① 中国银行业监督管理委员会于2006年年底颁布《关于调整放宽农村地区银行业金融机构准入政策　更好支持社会主义新农村建设的若干意见》（银监发〔2006〕90号）。

定人群或地区的金融服务可获得性带来不利影响［莱申和思里夫特（Leyshon, Thrift），1996；马歇尔（Marshall），2004］。目前农业生产资金不足问题并未因金融市场化的推进而完全得到解决，相反，金融市场化之后金融机构的"商业性"职能反而加重了对农户的金融排斥，从而制约农户农业全要素生产率的增长。因此，本书提出以下假设：

H_2：金融市场化改革后，农村金融网点的扩张虽然增加了金融服务供给，但在短期内会加速资金外流，随着农村金融机构新增和设立，长期来看会抑制资金外流，对农业经济增长的促进作用愈发明显。

H_3：金融市场化改革后放宽金融市场准入门槛，有助于提高金融市场效率，但由于金融排斥，普通农户的融资约束仍未得到缓解，反而制约了农业经济增长。

第四节 农村金融支持促进农户家庭土地经营的影响机理

一、金融支持对农户土地经营的扩大效应

如何把弱小的传统农业部门改造为一个高生产率的经济部门，取决于对农业的投资，因此，这是一个投资的问题，而不是资本供给问题，其本质使农业投资有利可图。家庭借贷作为围绕土地生产、经营等活动而发生的筹集、融通和结算资金的一种金融要素，一般通过农业生产性投入对土地生产经营产生相应的效应。其核心问题在于确定由家庭借贷增加的生产投入是否产生土地经营的扩大效应。为此，本章将农户生产投资分为原有投资与追加投资，其中，原有投资是农户在家庭资本有限约束下的土地生产投资，追加投资是家庭获得借贷后新增土地生产投资额。

假设一个农村家庭原有投资为 k_0，若家庭意愿并可获得的贷款为 L，家庭实际发生的土地经营投资为 K，那么，追加投资，或是说由家庭发生借贷行为引致的生产投资增加即为 $k_1 = K - k_0$。因此，家庭借贷产生的生产投资引致土地生产经营的效应产生一般取决于家庭借贷与农户土地生产资本需要的

关系。

进一步分析，若满足 $k_1 > L$，表明家庭借贷的获得刺激农户扩大经营、追加投资的积极性，致使追加投资超出家庭所获借贷，此时家庭借贷获得对生产经营产生一定的"扩大效应"；若满足 $0 < k_1 < L$，则意味着农户将所获借贷的部分用于非生产性支出，此时借贷的获得仅带动了部分生产性投入；若满足 $k_1 = 0$，家庭借贷未能刺激农户扩大生产的积极性，即表现为对生产经营的"无效"。

基于上述推论，本章提出研究假设：

H_4：家庭借贷的获得刺激农户扩大经营、追加投资的积极性，进而促进农户从事土地经营的意愿增强。

二、规模经济对土地经营效率的影响

农户扩大耕地规模的需求，通常由受限于所拥有资源下扩大规模的成本收益比较，究其根本，造成这一现象的原因是土地经营存在潜在的规模经济（王兴稳和钟甫宁，2008）。由约翰·伊特韦尔（John itwell）与其他经济学家合著的《经济学大辞典》对规模经济的定义可知，规模经济的本质是一种因农户经营规模扩大而带来单位成本减少的现象。对于种植户而言，这一规模经济效应常体现为以下三点。

一是规模扩大带来农户要素投入数量的节约。耕种机器设备、土地或是役畜等作为一种不可分的土地生产要素，作为农户土地经营总支出的一部分，表现为固定的抑或是阶梯式的，与耕地面积并没有直接的线性关系。

二是规模扩大为农户带来要素成本的降低。当土地经营面积较小时，农户所拥有的劳动力能够适应生产经营的需求，但是随着经营规模和强度的增加，所需投入的劳动力越来越多，劳动力要素渐渐变得稀缺。根据边际报酬递减规律，农户将会选择节约更加稀缺昂贵的劳动力资源，增加农业机械设备等要素的投入。与此同时，规模扩大意味着农户拥有的土地增多，因此节约土地的生产性投资方式（如施用化肥等）往往受到抑制。因而，规模经济促使农户选择节约稀缺的要素投入，增加相对富裕的其他生产要素投资，进而获取更多的经营效益。

三是规模扩大为农户带来要素的替代。传统的农业生产规模普遍较小,缺少现代化的生产要素和新技术的投资激励。随着农户土地流转不断展开,这种由农地经营面积扩大带来的经济效益的增加就被称为土地规模经济。以前的小农以小规模为主,缺少现代化的生产要素和新技术的激励,当生产规模达到一定程度时,增加这些生产要素和新技术才可能产生明显效果。农业生产经营规模扩大,投入这些生产要素和新技术开始产生规模效益,因此,规模经济将通过土地经营规模的扩大促进经营效率的提升。

基于此,本书提出研究假设:

H_5:经营规模和强度的增加带来规模经济,扩大经营农户的土地经营需求。

三、不同规模农户的金融支持获得及土地经营偏好差异

由于农户经营规模的划分没有严格的理论依据,学者们通常根据耕种面积进行划分。朱满德(2011)[1] 根据耕种面积将农户划分为小农户、中等农户和规模大户三类。结合西北四省(区)农户的实际调研数据,将农户按其所耕种土地规模大小分为三类:小规模农户(种植面积10亩以下)、中等规模农户(种植面积10—50亩)和大规模农户(种植面积50亩以上)。

小规模农户基本上以非农兼业型农户为主,家庭里青壮年劳动力选择在外务工,从事粮食生产的主要是留守老人。小规模农户的特点有三:一是耕地面积小,农作物总产出低,耕种收入微薄,耕种收入占家庭总收入的比重小,小规模农户不完全依赖耕种收入维持生活。二是参与农产品市场意识较弱,一般没有储粮习惯,同时小规模农户家中缺乏劳动力和相关运输工具,为降低较长时间存放生产的作物带来的成本,通常在留足口粮后一次性售完。三是小规模农户是价格的接受者,对土地收入不敏感,土地生产资金需求不多,对借贷资金的需求多用于大额的生活性消费支出。

---

[1] 参见朱满德:《粮食生产区农民售粮行为变化分析》,《经济与管理》2011年第15期。

中等规模农户种植面积适中,此类农户数量呈现上涨趋势。中等规模农户耕种土地来源有自家的承包地,外出务工的亲属留下的耕地,还有部分租种转入土地。中等规模农户的特点:一是耕地面积较大,农业生产收入占有一定比重,对土地生产经营信息较为关注;二是参与市场的意识以及资金周转能力较强,会密切关注农产品市场的价格信息,并凭借自身以往经验,对当下农产品价格走势进行经验性的判断,较为理性地进行农产品销售行为,从而将获取农产品收入转为土地生产物资;三是通常获取资金的能力较强,较少受资金短缺问题所困扰。

大规模农户通常被称为规模农户,此类农户的数量并不是很多。该类农户土地经营规模大,农产品产量大。通常通过集中规模的土地流转获得大量耕地,每年按面积支付相应的土地租金,享有该土地的使用权。大规模农户通常有两个特点:一是种植的机械化程度高,实行规模化生产;二是种植规模庞大,投入成本多,资金周转量较大,为获取周转所需的流动资金,往往在土地经营前期筹措一定资金,因此对借贷资金的需求量较大。

综上,本书提出研究假设:

H_6:伴随规模分化,不同经营规模农户的融资情况、土地经营意愿均存在明显的异质性,经营规模正向影响农户的土地经营意愿,即经营规模越大,农户转入土地经营权等扩大生产的意愿越强烈。

农村人口是一个异质性很高的群体,尤其对于土地经营规模差异很大的小规模农户、中等规模农户与大规模农户,影响其土地流转意愿的因素存在差异。因此,本书将以农户经营规模分化为切入点,同时讨论家庭借贷和经营规模对农户土地经营意愿的影响,并进一步分析这两类变量对小规模农户、中等规模农户与大规模农户土地经营意愿的差异性影响。

# 第 二 章
农村金融扶贫现状与农户家庭的金融支持

从本质上看，贫困地区农村主要依靠激发、引导农户群体极大限度增强和发挥内生动力促进经济社会可持续发展，最终要落实和体现为创新劳动、资本、土地、技术、管理要素的结合方式。这将是一场农业生产方式的巨大变革。其中，制度改进会起到根本推动作用，金融机制将起到不可或缺的"杠杆"作用。目前国内外学者尽管通过实证分析证实农村金融已经在一定程度上发挥了作用，但远远不够。两次金融危机以来人们热衷讨论的金融复杂性主要集中在全球金融市场和国内城市领域，农村金融赖以发展的市场、工具以及金融基础设施仍很"古老"，远不能适应农村正在发生的变革。贫困地区农村尤为如此。

第一节 农村金融扶贫的发展背景及变迁

新中国成立 70 多年来，农村扶贫工作取得巨大成就，创造了人类有史以来规模最大、持续时间最长、惠及人口最多的减贫奇迹。综观新中国成立的 70 多年，我国农村扶贫工作经历了艰苦奋斗和不断演变的历史进程，根据我国农村贫困状况、农村金融改革发展进程、金融扶贫政策，以及一系列计划和纲要，将我国农村金融扶贫划分为六个阶段，我国农村绝对贫困人口累计减少 8 亿多人，基本消除农村绝对贫困现象，贫困人口自我发展能力得到了增强。

一、体制改革推动下的金融扶贫阶段（1978—1985 年）

（一）农村贫困状况

从党的十一届三中全会开始，中国的农村经济体制开始改革，农村地区开始探索实施家庭联产承包责任制，大力发展乡镇企业，带动农村经济的发展，农民收入也逐步提高，农村贫困程度逐步下降。农村扶贫工作也开始转型，即由解决整体贫困向重点地区重点人群转型。1978 年年初我国贫困人口达 2.5 亿，占农村人口的比例为 30.7%，整体贫困人口占比较高，处于整体贫困水平。

（二）农村金融状况

这一时期，随着农村经济体制尤其是农村产权制度改革的推进，金融服务在农村经济发展中扮演着愈加重要的角色，其融资需求量也不断增加，农村金融体制改革也处于转轨期。

一是组建四大专业银行。1985 年，我国形成了工、农、中、建四大专业银行，农村银行网点增加，四大专业银行四足鼎立模式打破了农业银行"垄断"农村金融市场的格局，推动了银行业发展。二是开办农业保险。1982 年，农业保险业务在中国人民保险公司改革下稳步推进，养殖、种植业保险陆续开展，农业保险试点发展稳健。三是开放非正规金融机构市场准入。同时准许私人钱庄、农村合作基金会、储金会等多种资金借贷形式，共同填补资金缺口。

（三）农村金融扶贫政策

在中国经济体制由计划向市场转型的初期，农村地区的金融扶贫政策仍然带有较为浓厚的计划特征。这一时期，国家逐步恢复农村金融。老少边穷地区金融贷款及专项经济开发贷款在有关金融部门支持下得到有效发展。具体金融扶贫措施有：一是加大民贸、民品生产金融支持力度。1981 年，中国人民银行印发通知，降低民贸、民品生产贷款的利息。二是加大政策性开发贷款支持力度。对甘肃、宁夏西海等地制订扶贫开发计划，给予扶贫开发信贷支持。三是加大贫困农户的信贷支持力度。1982 年，国家经委、民政部、财政部等部门联合印发《关于认真做好扶助农村贫困户工作的通知》，要求加大农副产品生产的信贷支持，并于 1984 年出台贴息政策。四是对支持贫困地区经济发展给予专项贷款。1983 年创立"发展少数民族地区经济贷款"支持内蒙古、甘肃、宁夏、新疆、青海等偏远贫困地区，随后国务院将贷款支持范围扩大到所有贫困县，专项贷款支持额度为 3 亿元，由农业银行支持。

这一阶段，我国的贫困还是整体性的，脱贫主要依赖于农村土地经营制度和经济体制改革促进经济增长，从而整体性地带动贫困人口脱贫。由于改革开放，特别是农村土地制度的改革，释放生产力，农村经济得到较快发展，同时金融机构的建立和农村金融政策的实施，其减贫成效也较为显著，取得了较为突出的成果。

二、金融支持开发式扶贫阶段（1986—1993 年）

（一）农村贫困状况

20 世纪 80 年代中期以后，农村土地经营制度改革带来的红利减退，贫困人口无法再依赖农村经济增长脱离贫困。相反，在 20 世纪 80 年代后期，随着乡镇企业的快速发展和城市国有企业改革的逐步推进，城乡收入差距不断扩大，贫困地区与经济发达地区的差距日益凸显，全面经济增长的减贫效果逐步衰减。1986 年，我国贫困人口总数为 1.25 亿，这些贫困人口主要分布在老、少、边、穷地区。1986 年，中央政府为解决贫困人口温饱问题，成立了贫困地区经济开发领导小组，即后来的"国务院扶贫开发领导小组办公室"，该领导小组为我国的扶贫开发工作提供了有力的组织保障。

（二）农村金融状况

此阶段，我国中央政府指出以建立社会主义市场经济为经济体制改革的目标，加快金融业改革进程，稳步发展涉农金融。一是各专业银行间业务交叉程度迅速加深。从 1986 年开始，随着银行机构的改革发展，各专业银行间业务交叉程度迅速加深。二是 1986 年邮政开始办理储蓄业务。三是决定成立中国农业发展银行。四是政府对农村民间借贷的管制逐渐放开，允许民间自由借贷，农村金融扶贫中开始尝试引入市场化手段。

（三）农村金融扶贫政策

1986 年开始，随着国家扶贫战略的确立，各金融机构纷纷加大扶贫支持力度，具体如下：

一是实行专项扶贫贴息贷款。从 1986 年开始，中国人民银行每年拨款 10 亿元作为资本金，设立专项扶贫贴息贷款，旨在支持国家指定贫困县开展农牧业生产，解决当地农民温饱问题。中国人民银行进一步降低专项贴息贷款利率，把安排给中国农业银行发放"扶贫"贷款的利率，从原来的月息 5.4‰调整为月息 3.9‰。二是发放专项扶贫贷款。1988 年我国创立贫困地区专项贷款，加大对贫困地区企业的支持力度。从 1990 年开始，中国人民银行建立"少数民族贫困地区温饱基金"，每年安排基金解决贫困地区群众温饱问题。1991 年，国务院决定每年再新增 5 亿元专项贷款支持非重点贫困县的发展。三是进一步加大民贸、民品和少数民族地区的信贷支持。1987 年相关部门出台政策进一步降低民贸、民品贷款的利率。1992 年中国农业银行对少数民族贫困地区企业发放贴息贷款，支持少数民族地区经济发展。四是开展康复扶贫信贷支持。20 世纪 90 年代，中国人民银行安排专项资金支持计划 1 亿元支持康复扶贫，由中国农业银行负责贷款具体发放。五是合作扶贫模式。1992 年我国申请了第一笔世界银行贷款，用于云南、贵州、广西等省（区）的扶贫开发。

从这一阶段开始，我国农村土地经营制度改革带来的红利减退，贫困人口无法再依赖农村经济增长脱离贫困，我国的扶贫战略开始由救济式扶贫向开发式扶贫转变，利用发展经济学中所谓的"极化涓滴效应"，通过区域（贫困县、扶贫项目）瞄准的方式来带动贫困人口脱贫，取得了巨大成就。在此期间，贴息贷款累计发放 173.8 亿元，占同期各种扶持资金的 59.50%，贫困率下降到 8.8%，重点贫困县农民人均纯收入增长了 135%。[①]

但开发式扶贫模式过高估计了区域开发引致经济增长对扶贫的作用，以贫困县作为政策和工作单元从而无法覆盖全部贫困人口，政府干预色彩和寻租行为屡见不鲜，看不见的手发挥失灵，不良贷款率居高不下、贷款导向机制漏洞频发、贴息贷款规模不足等问题突出，降低了扶贫贷款的效率和社会效益。

---

① 数据来源于《中国农村贫困监测报告》。

三、金融支持扶贫攻坚阶段（1994—2000年）

（一）农村贫困状况

20世纪90年代，随着经济的发展和扶贫工作的推进，我国扶贫取得了一定成效，贫困人口有所减少，但由于城乡经济发展不平衡，新的贫困问题也开始出现，主要表现为贫困发生率明显集中于中西部地区，其中以深山、荒漠、高寒、高原地区为最，这些地区的自然条件恶劣，基础设施薄弱，社会发展比较落后。1994年国家重新确定了重点贫困县，其中中西部的贫困县和贫困人口占比较高，分别为82%和91.1%。

1994年3月，国务院印发《国家八七扶贫攻坚计划》并加以落实，第一次明确了扶贫开发行动的目标、对象、措施和期限，提出利用七年时间解决八千万贫困人口的温饱问题，并从到户和到项目的贴息贷款等信贷支持方面开展金融扶贫。由此，我国扶贫进入艰难的攻坚阶段。

（二）农村金融状况

1996年《国务院关于农村金融体制改革的决定》规划和设计了针对我国农村金融体系的一次全面性、整体性的改革路径。

一是中国农业发展银行作为专门从事与农产品发展相关的政策性银行，重点从事粮棉油收储等政策性业务。二是1997年，中国农业银行与农村信用社脱离行政隶属管理关系，将业务交由县联社管理，农村信用社脱离中国农业银行，开始独立发展之路，并逐渐成为农村金融市场的主要发展力量。三是调整民间借贷行为。1996年，国务院针对民间金融产生的积极作用予以充分的肯定，但同时也提出要规范民间金融活动，预防系统外部金融风险。

（三）农村金融扶贫政策

在这一阶段，中国的金融扶贫政策取向越来越强调市场化的作用，中央政府和地方政府在制定金融扶贫的相关政策时，也越来越多地考虑政策本身的激励相容效应，具体体现在：

一是加大扶贫贴息贷款政策实施力度。1994—2000年，中国农业发展银行接替中国农业银行负责扶贫贴息贷款业务，专职发放扶贫贴息贷款，此后扶贫贴息贷款业务发放主体再次变更为中国农业银行。截至 2000 年，扶贫开发贷款余额达 706 亿元，覆盖面也扩大到所有国家重点贫困县。1994 年，原来由中央银行提供每年 10 亿元本金，提高到每年 20 亿元。二是开展并推广小额信贷。1997 年，小额信贷开始试点，范围逐步扩大到 200 多个县。中国人民银行相继印发了《农村信用社农户小额信用贷款管理暂行办法》和《农村信用合作社农户联保贷款管理指导意见》，准许农村信用社办理并推广小额信贷业务，并给予成本较低的支农再贷款作为农村信用社的重要资金来源。三是继续实施对民贸、民品贷款的利率优惠。"九五"期间中国人民银行安排 1 亿元贴息贷款支持民贸、民品发展。四是建立扶贫基础设施贷款。加大对贫困地区基础设施和生产条件的信贷支持力度，主要范围是甘肃、四川、山西的部分县市。

这一阶段改革，突出表现为农村金融体系改革在政府主导下逐渐深化，金融扶贫政策的激励效应开始发挥作用。这一时期，通过实施"八七攻坚计划"，扶贫成效显著，基本解决了全国大多数贫困人口的温饱问题，逐步进入巩固温饱的阶段。贫困发生率由 7.1% 下降到 3.4%，其中国家重点扶持贫困县的贫困人口比 1994 年减少了 70.81%。

受中国农业银行、中国工商银行等大型金融机构撤并和缩减县域及以下网点、农村信用社不良贷款率升高等因素影响，农村金融体系受到较大冲击，金融减贫发挥的作用有限。同时，农村信用社针对恢复"三性"的改革措施本身没有取得完美成效，较多地区农村信用社存在着资产质量低、营业收入减少、业务规模减小、不良贷款偏高等诸多经营难题。

四、参与式金融扶贫阶段（2001—2010 年）

（一）农村贫困状况

21 世纪初，按联合国和世界银行的统计标准①，全国的贫困人口数分别为 1.5 亿和 2.54 亿，全国脱贫攻坚形势依然不容乐观。同时部分不发达地区返

---

① 2009 年，联合国规定的贫困线约每人每年 365 美元，世界银行规定的贫困线约每人每年 456 美元，中国规定的贫困线约每人每年 230 美元。

贫率较高。扶贫任务主要集中在中西部自然条件恶劣地区和防止返贫方面，依靠开发式扶贫已经很难达到脱贫和巩固脱贫的目的。因此，本阶段强调参与式扶贫，政策导向以贫困县主导迈向贫困村主导。

2001年6月，国务院印发《中国农村扶贫开发纲要（2001—2010年）》，突出坚持开发式扶贫方针，强调适应社会主义市场经济发展的要求。在金融方面，对扶贫贴息贷款进行改革，重点放在老少边穷地区，以进城务工人员、就业困难人群为主，进一步改进和完善农村地区金融服务。

（二）农村金融状况

2000年左右，我国农村金融市场萎缩，但我国金融市场的改革进程逐渐加快，农村金融得到长足发展。2003年，国有银行开始进行股份制改造，农村信用社改革试点启动。自2004年以来，中央政府陆续颁布了六个"一号文件"，以寻求解决堆积良久的"三农"桎梏。得益于政府的高度重视，农村金融改革步调稳步前进，农村金融机构如雨后春笋般发展开来。具体表现为：一是2000年左右农村金融市场大幅萎缩；二是农村信用社改革稳步推进；三是新型农村金融机构不断成立与发展；四是中国农业发展银行执业范围不断拓宽；五是中国邮政储蓄银行正式成立运行。

（三）农村金融扶贫政策

这一阶段，中国的金融扶贫政策具体体现在：

一是完善信贷政策。中国人民银行制定《扶贫贴息贷款管理实施办法》，对扶贫贴息贷款从贷款管理、利率优惠、贷款贴息等方面进行进一步完善。按照相关指导意见，农户小额信用贷款执行一次授信、存量控制、周转管理。二是健全扶贫政策安排。制定《扶持人口较少民族发展规划（2005—2010年）》，加大对少数民族地区、贫困人口的贷款贴息和利率优惠的力度，握紧拳头补短板，切实汇聚力量协助此类少数民族稳步发展。2002年以来，中国人民银行、财政部、人社部三部门印发了《下岗失业人员小额担保贷款管理办法》等文件，扩大小额担保贷款覆盖面。三是金融服务方面，推动农村信用社改革和中国农业银行设立"三农"事业部，进一步完善农村金融服务的组织体系。推动农村金融机构接入中国人民银行支付承兑系统，并在部分金融机构网点空白乡镇开展 POS 小额取现试点业务，初步完善偏远地区农村金融的支付服务环境。四是加快农村信用体系建设，优化扶贫的金融生态环境。中国人民银行等部门在农村地区开展信用建设等工作，有效解决信息不对称问题，为后期该地区金融生态环境建设打下了良好的基础。

这一时期，金融扶贫的特点强调政府、贫困户、企业和金融机构多方参与，突出激发贫困户脱贫的内生动力，完善扶贫信贷政策，优化农村金融生态环境。2001 年至 2010 年给予扶贫贷款贴息 54.2 亿元，扶贫贴息贷款发放额 2000 亿元左右。贷款违约率持续下降，金融机构发放扶贫贷款的积极性不断提升，贫困人口持续减少。此阶段金融扶贫依然存在农村资金外流、金融机构组织缺乏多样性等问题。

五、综合式金融扶贫阶段（2011—2014 年）

（一）农村贫困状况

随着农村和城镇居民的收入水平不断提高，2011 年国家贫困标准线调整为人均纯收入按照 2010 年不变价格 2300 元，贫困标准的提升使贫困人口规模重返亿人大关，达到 1.28 亿人，占农村人口的 13.4%。同时，区域发展不平衡、城乡发展差距加大、集中连片特困地区尤其是深度贫困地区发展滞后等成为新时期金融扶贫关注的重要内容。2011 年 12 月，我国印发了《中国农村扶贫开发纲要（2011—2020 年）》，纲要指出新的政策目标，要大力推进扶贫开发事业，把巩固贫困地区"三农"温饱成果、加快全面小康、优化生态环境、缩小城乡发展差距等作为新目标、新路径。

（二）农村金融状况

此阶段，贫困地区金融机构数量、机构类型不断增加，组织体系日趋健全，针对贫困地区基础设施建设、基本公共服务、贫困人口的金融产品更加丰富，金融扶贫水平显著提高。这一阶段农村金融发展情况具体为：一是多层级、竞争性金融机构体制基本形成；二是农村金融基础设施逐步完善，基础金融服务便利性工具不断完善，农村地区支付、征信等基础金融服务水平显著提高，金融机构空白乡镇基础金融服务实现全覆盖；三是农业保险加快发展，服务覆盖面不断提高;四是稳步推进了以正向激励为主导的政策环境。

(三) 农村金融扶贫政策

这一阶段,中国的金融扶贫政策具体体现在:

一是加强信贷政策支持。用好用足贴息贷款政策。2008年以来扶贫贴息贷款中,项目贷款贴息3%,到户贷款贴息5%,具体利率由商业银行按照市场化原则确定,中央财政每年安排贴息资金5.6亿元,其中0.6亿元用于残疾人康复扶贫贷款贴息,贴息资金要求50%用于到户贷款贴息。扶贫贴息贷款重点用于对建档贫困人口和带动贫困人口脱贫的扶贫组织、扶贫项目的贷款贴息支持。丰富扶贫信贷产品。2014年又将原扶贫贴息贷款中的到户贷款调整为扶贫小额信贷,实行免担保免抵押,支持有创业潜质、技能素质的贫困户发展生产。

二是优化金融生态环境。加大贫困地区乡镇金融机构网点建设,积极布设ATM机、POS机等电子机具,提高贫困地区电话银行、手机银行使用率,基本实现了贫困地区乡镇金融服务全覆盖;加强贫困地区信用体系建设,为贫困户建立信用档案;强化金融知识教育、宣传,不断提升贫困人口金融素养和风险意识,增强其运用金融工具的能力。

三是加强农业保险服务。出台农业保险条例、理赔管理办法等文件,要求保障投保农户的合法权益、规范保险经营行为、提高农业保险理赔效率和服务质量等。加大财政对保险机构开展涉农保险业务的支持力度,纳入保费财政补贴的险种增加到15个,种植、养殖、林业等主要大宗农产品已基本覆盖。

这一阶段,扶贫政策仍强调坚持开发式扶贫方针,并在政策保障中提出金融服务的全面参与。从实践上看,金融扶贫呈现市场化和激励相容的特点,通过完善金融扶贫政策来满足金融参与扶贫的激励相容条件,激发金融全面参与扶贫。

此阶段扶贫成绩显著,截至2014年年末,全国农村贫困人口下降至7017万人,年均减贫1500万人以上,贫困发生率下降至10%以内。① 金融在支持

---

① 数据来源于《中国农村贫困监测报告》。

减贫方面发挥了重要作用，但仍有一些地方须加强改进，主要是金融服务的"最后一公里"问题。贫困人口金融服务需求得到一定程度的满足，但整体上看，贫困地区在信贷可获得性、金融服务便利性、金融知识普及性等方面还有较大改进空间。

六、金融精准助推脱贫攻坚阶段（2015年至今）

（一）农村贫困状况

为实现全面建成小康社会的宏伟目标，党中央在十八届五中全会提出实施"十三五"脱贫攻坚工程，确保我国农村贫困人口全部脱贫，努力完成全面建成小康社会的最艰巨任务。截至2015年年底，我国仍有人均收入低于贫困线的贫困人口5575万人，贫困发生率仍然高达5.7%，中西部一些省份特别是"三区三州"等深度贫困地区贫困人口规模大，贫困程度深，这些地区减贫成本相对更高，脱贫攻坚难度也更大。

2015年年底召开的中央扶贫开发工作会议，习近平总书记对扶贫开发工作作了重要部署，会后印发了《中共中央 国务院关于打赢脱贫攻坚战的决定》。《决定》指出，到2020年要稳定实现"两不愁三保障"，同时要求采取超常规举措，拿出过硬办法，并明确提出"加大金融扶贫力度"。

（二）农村金融状况

多年来，按照党中央、国务院的安排部署，我国制定实施了一系列重大金融改革举措，我国金融业发生了翻天覆地的变化。但我国农村和城市的金融发展仍然存在较大的差距，"难贷款""贷款难"问题依然存在，非法证券、非法集资和高利贷活动等违法金融行为仍时常发生。一方面是农村贷款管理制度仍不够健全、完善，另一方面是农村金融体系创新面临瓶颈。

（三）农村金融扶贫政策

在这一阶段，中国的金融扶贫政策具体体现在：

一是加强金融扶贫的制度设计。中国人民银行会同国家发展改革委等七部门出台《关于金融助推脱贫攻坚的实施意见》，按照精准扶贫、精准脱贫的方略，提出了6个方面共22条措施，包括加大融资支持、发展普惠金融、健全金融组织、强化政策保障，以及提高金融服务工作机制等内容。二是健全金融扶贫的组织机构。政策性银行、开发性银行设立扶贫金融事业部，并完善内部经营管理机制；国有大型商业银行按照金融管理部门要求设立普惠金融事业部；邮政储蓄银行成立"三农"金融事业部并延伸服务网络，农业银行继续深化"三农"金融事业部改革，强化事业部管理；股份制银行创新金融服务模式增加信贷投入；农村中小银行支农主力军作用进一步增强，稳定农村信用社县域法人地位。三是设立扶贫再贷款。2016年3月，中国人民银行印发通知，在支农再贷款项下设立扶贫再贷款，专项用于支持贫困县地方法人银行加大涉农信贷支持。地方法人银行将扶贫再贷款优先支持建档立卡贫困户和带动贫困户就业发展的企业、农村合作社。四是开展扶贫小额信贷。2014年12月，国务院扶贫办、中国人民银行等五部门创新推出了扶贫小额信贷，指导金融机构对有劳动能力、有贷款意愿、有良好信用、有就业创业潜质的建档立卡贫困户，提供5万元（含）以下、期限在3年以内的优惠利率贷款。同时，配套了开展建档立卡贫困户信用评定、贷款贴息、设立风险补偿资金、开展扶贫小额贷款保证保险等支持政策。五是发行扶贫专项债券。按照国家发展改革委、中国人民银行等五部门《关于印发"十三五"时期易地扶贫搬迁工作方案的通知》（发改地区〔2015〕2769号）文件精神，"十三五"期间，国家开发银行和农业发展银行发行3500亿元政策性金融债券，为省级投融资主体提供易地扶贫搬迁长期贷款。中国银行间市场交易商协会推出短期融资券、中期票据、扶贫社会效应债券、扶贫票据等债务融资工具，支持发行主体将募集的资金主要用于贫困地区基础设施建设、扶贫产业项目等领域。六是大力发展农村普惠金融。加强贫困地区金融机构网点和支付服务设施建设，积极推广非现金支付工具，提高银行卡使用效率。推动助农取款服务点建设，解决贫困地区贫困群众小额取款难题。加强社会信用体系建设，建立贫困户的信用评价体系和电子信息档案，加强信用、信息、信贷联动。加强农村金融知识的普及宣传，强化金融消费者权益保护，培养和提高贫困地区干部群众运用金融工具发展的能力。七是建立健全风险补偿机制等。加强财政金融结合，推进完善融资担保体系，各地多渠道筹集资金，建立多种形式的担保基金和风险补偿基金，探索出多种风险分担和补偿模式。大力推进农村保险市场发展，创新农业保险产品，完善风险保障网络，扩大农业保险覆盖面，提高贫困地区保险深度和密度。八是开展金融扶贫专项统计和评估。中国人民银行建立金融精准扶贫专项贷款统计制度，开发了金融精准扶贫信息系统，加强金融信息与建档立卡信息共享，并依据专项贷款统计数据和金融精准扶贫信息系统，开展金融精准扶贫效果评估。

这一阶段，扶贫工作更加突出政治责任，强调精准扶贫精准脱贫的基本方略，并要求采取非常规的举措，确保打赢打好脱贫攻坚战。

第二节 贫困地区农村金融机构供给与支持

改革开放以来，伴随我国扶贫政策的演变和农村金融改革的历程，贫困问题得到有效的缓解。贫困地区减贫工作的推进离不开资金的注入，而大额的资金投入不能仅依靠国家财政资金和社会公益组织基金，更需要政策性金融、商业性金融、合作性金融以及民间金融的共同扶持。将金融发展与扶贫开发工作相结合，不仅满足扶贫对象生产和生活的资金需求，也能更好地发挥"造血式"扶贫的功效，成为党和政府日益重视的减贫手段。

一、贫困地区农村金融服务供给主体

农村人口规模、生产结构与收入结构都经历着转型与变动，贫困地区农村社会阶层也呈现多元化的特点，不仅包含依靠政府救济生活的特困农户、以种植业和畜牧业为主要收入来源的传统农户、进城务工的"两栖型"打工者，也包括承包较大规模土地从事农业产业化经营的农户和经营运输、商贸物流、小型工业的企业家，面对贫困地区农村各异的社会阶层，其资金需求数额、期限、利率、审批速度及借款用途都存在很大的差别，因此需要构建多元化的普惠型农村金融组织。

贫困地区农村金融组织需要政策性金融、商业性金融、合作性金融和民间金融既相互竞争又相互融合，共同发挥支持农业和农村居民的作用。其中政策

性金融作为非营利性的金融组织,除了保证贫困地区粮棉油收购、农业基础设施建设、优势特色产业发展所需资金之外,还应主要维持赤贫农户生产和生活基本需求,并与中央及各级政府相配合,引导其他金融成分的扶贫工作。商业性金融以商业可持续发展为目标,其风险控制严格、信贷抵押要求较高,更倾向于支持具有一定经济实力和创业意愿的农业产业化经营农户和经营运输、商贸物流、小型工业的企业家,保证其较大规模的资金投入。合作性金融以农村信用社和农村资金互助社为代表,其中农村信用社作为我国农村金融的主力军,占有绝对垄断的地位,应继续发挥其市场优势,致力于贫困地区绝大部分农户和中小企业。而农村资金互助社作为农村金融体系的新兴力量,依靠其地缘亲缘、贷款灵活、利率低、无须抵押物等优势,涌现了一批贫困村村级资金互助社,大力服务于贫困地区低收入农户,并实现扶贫到户的宗旨。民间借贷作为贫困地区农村不可或缺的力量,特别是来自亲朋好友的无息贷款,更成为所有农户小额贷款的首选方式,其灵活性和信息对称性更适合贫困农户的短期小额资金周转。

与非贫困地区相比,贫困地区具有地理位置偏僻、生态环境脆弱、基础设施薄弱的特点,人口密度与经济发展程度均与非贫困地区存在差异,从而抬升了机构服务成本,降低了运营能力,制约金融服务的深度与广度。因而全国出现农村金融服务空白乡镇主要在贫困地区。结构构成上,贫困地区农村正规金融机构以农村信用社和邮政储蓄为主,其中农村信用社更占据垄断地位,导致农村金融竞争不充分,进而影响了农村金融服务水平。而非正规金融服务由于易得性、便利性和灵活性,具有广泛的市场需求。2010 年扶贫重点县农户的当年借贷款中,有 50.1% 来自亲戚朋友间的借贷,47.4% 来自金融机构,2% 来自国家专项扶贫贷款。非正规金融在贫困地区虽具有发展优势,但却具有关系型融资的偏向。

二、贫困地区农村正规金融机构规模与结构

西部地区是我国贫困人口较为集中聚集的地区,全国农村贫困人口中 51.3% 集中于西部地区,其贫困人口数量近似于东部和中部地区贫困人数之

和。表2-1反映了2018年西部省（区、市）正规金融机构分布情况，从中可以看出政策性金融、商业性金融、合作性金融机构在欠发达省份的分布规模与结构。不难看出：第一，少数民族地区往往是金融机构覆盖薄弱的地区。四川、陕西和广西为西部省（区）中金融机构绝对数量最多的地区，而西藏、青海与宁夏则为西部省（区）中金融机构绝对数量最少的地区。其中四川金融机构总数为西藏的20.47倍，西藏的小型农村金融机构甚至空白。第二，金融机构构成以大型商业银行、邮政储蓄和小型农村金融机构为主，而政策性和新型金融机构市场份额较少。由于大型商业银行以国有银行为主，小型农村金融机构绝大部分为农村信用社，它们多以商业盈利为经营目标，而真正能够服务于低收入阶层的资金互助社、小贷公司及政策性银行则分布过少。第三，农村金融机构网点数量有所改善。小型农村金融机构为支农的主力军，以其为例，西部省（区、市）中四川、陕西、甘肃、云南、贵州、广西、内蒙古和重庆小型农村金融机构数量超过了其他类型金融机构，而西藏、青海和宁夏小型农村金融机构数量则低于大型商业银行。

表2-1 2018年西部省（区、市）正规金融机构分布情况表

单位：个

	机构总数	大型商业银行	国家开放和政策性银行	股份制银行	城市商业银行	小型农村金融机构	邮政储蓄	新型农村金融机构	其他
宁夏	1356	499	16	46	148	382	202	62	1
青海	1144	431	27	38	83	376	178	8	3
甘肃	4873	1390	64	124	380	2242	613	60	0
陕西	7254	1913	82	446	534	2939	1247	68	25
西藏	695	587	1	6	4	0	97	0	0
云南	5574	1564	89	396	233	2285	854	139	14
贵州	5175	1090	71	111	522	2269	963	138	11
四川	14225	3339	115	556	930	5908	3057	282	38
重庆	4403	1351	39	293	282	1773	228	401	36

续表

	机构总数	大型商业银行	国家开放和政策性银行	股份制银行	城市商业银行	小型农村金融机构	邮政储蓄	新型农村金融机构	其他
广西	6296	1938	66	190	505	2363	972	255	7
内蒙古	5543	1519	72	196	565	2237	796	149	9

数据来源：依据 2019 年西部地区各省份金融运行报告整理。

三、贫困地区农村扶贫资金来源与投向构成

（一）贫困地区农村扶贫资金来源

按照资金的投入来源，可以将我国扶贫资金分为扶贫贴息贷款、中央财政扶贫资金、以工代赈资金、中央专项退耕还林还草工程补助、省级财政扶贫资金、利用外资，以及其他资金，如表 2-2 所示。

表 2-2　2014—2017 年国家扶贫工作重点县扶贫资金来源构成

单位：亿元

年份	扶贫贴息贷款	中央财政扶贫资金	以工代赈资金	中央专项退耕还林还草工程补助	省级财政扶贫资金	利用外资	其他资金	资金合计
2014 年	153.3	379.0	40.9	66.7	125.2	3.6	429.5	1198.2
2015 年	290.1	440.4	39.0	102.3	171.3	2.1	551.5	1596.7
2016 年	556.7	627.6	45.2	107.9	259.7	3.2	1025.4	2625.7
2017 年	733.8	832.3	42.4	114.1	332.0	6.9	2027.0	4088.5

数据来源：《中国农村贫困监测报告》。

从表 2-2 可以看出，2014—2017 年，我国扶贫工作重点县扶贫资金投入总量逐年稳步上升。扶贫贴息贷款起伏比较大，2014 年扶贫贴息贷款 153.3 亿元，占当年全部资金总量的 12.79%，2014—2017 年逐年增加，在 2017 年达到最高 733.8 亿元，占当年扶贫资金的 17.95%；2014—2017 年中央财政扶贫

资金投入增幅较大,从 2014 年的 379.0 亿元增加到 2017 年的 832.3 亿元,但占扶贫资金的比例从 2014 年的 31.63%减少到 2017 年的 20.36%;2014—2017 年以工代赈资金稳定在 40 亿元左右,但占扶贫资金的比例从 2014 年的 3.41%降低到了 2017 年的 1.04%;2014—2017 年中央专项退耕还林还草工程补助从 66.7 亿元增加到了 114.1 亿元,翻了将近一番,占扶贫资金的比例却从 2014 年的 5.57%降低到了 2017 年的 2.79%;省级财政扶贫资金从 2014 年的 125.2 亿元增加到了 2017 年的 332.0 亿元,占扶贫资金的比例从 2014 年的 10.45%降到了 2017 年的 8.12%;2014—2017 年利用外资的起伏波动比较大,但总体上占扶贫资金的比例呈下降的趋势,从 2014 年的 0.30%下降到了 2017 年的 0.17%;其他资金的增幅最大,从 2014 年的 429.5 亿元增加到了 2017 年的 2027.0 亿元,占扶贫资金的比例从 35.85%增加到了 49.58%。

(二) 贫困地区农村扶贫资金投向构成

按照我国农业扶贫资金的投向,可以分为农业发展、涉农工业、基础设施建设、教育及培训项目和其他五个投向。其中农业发展包括扶贫资金对种植业、养殖业及林业的投入;涉农工业包括对农产品加工和其他生产行业的投入;基础设施建设包括对基本农田建设、人畜饮水工程、道路修建及改扩建、电力设施等项目的投入;教育及培训项目包括技术培训、技术推广、资助儿童入学及扫盲等,如表 2-3 所示。

表 2-3 2014—2017 年国家扶贫工作重点县扶贫资金投向构成

年份	农业发展		涉农工业		基础设施建设		教育及培训项目		其他		总计
	金额(亿元)	比例(%)	金额(亿元)	比例(%)	金额(亿元)	比例(%)	金额(亿元)	比例(%)	金额(亿元)	比例(%)	金额(亿元)
2014 年	275.4	24.05	22.7	1.98	514.6	44.94	13.2	1.15	319.1	27.87	1145
2015 年	375.9	24.13	26.8	1.72	683.7	43.89	12.5	0.80	458.9	29.46	1557.8
2016 年	553.9	25.88	22.3	1.04	796	37.19	16	0.75	751.9	35.13	2140.1
2017 年	601.1	24.68	44.2	1.82	954.6	39.20	35.4	1.45	799.9	32.85	2435.2

数据来源:《中国农村贫困监测报告》。

由表 2-3 可知，2014—2017 年我国农村扶贫资金投向中，基础设施建设投资占的比重最大，从 2014 年至 2016 年逐年减少，2017 年达到 39.20%；其次是其他投向，占投资比例从 2014 年的 27.87% 提高到 2017 年的 32.85%，后面依次是农业发展投资，为 24.68%，涉农工业投资为 1.82%，教育及培训项目投资为 1.45%。

第三节 农户家庭的现金收支与信贷活动

本节从微观视角，选用 2018 年西北四省（区）农村经济金融调研组的调查数据，分析金融部门对农村经济运行载体——农户的金融服务状况。由于贫困农民闲置资金极为有限且理财意识淡薄，贫困地区农村金融活动有限，仍停留在"存、汇、兑"阶段。因此，本节以信贷服务作为贫困农户金融服务的代表，基于农户收入支出结构变化，从需求层面展现贫困农户信贷服务特征以及影响信贷需求与信贷渠道选择的因素。

一、农户家庭的现金收支

（一）家庭收入

随着城镇化水平的不断提高，"农民工"逐渐转变为城市身份，农村家庭收入结构将发生新一轮变化，我们在问卷中将家庭总收入主要分为五个部分，即种植业收入、养殖业收入、务工性收入、工资性收入和政府补贴性收入，调研农户的家庭收入情况如图 2-1 所示。由图 2-1 可知，务工性收入占比最大，高达 52.24%，成为家庭总收入的重要来源，传统的种植业、养殖业收入占比较低。

（二）家庭支出

家庭的实际支出反映一个家庭真实的消费情况，为考察西北地区农户的实际支出情况，我们在问卷中将家庭总支出主要分为五个部分：生产性支出（包括农户种植、养殖投入的成本，包括化肥、农膜、灌溉、农机、雇佣劳动力、养殖）、日常生活支出、医疗支出、子女教育支出、财礼支出。调研农户的家

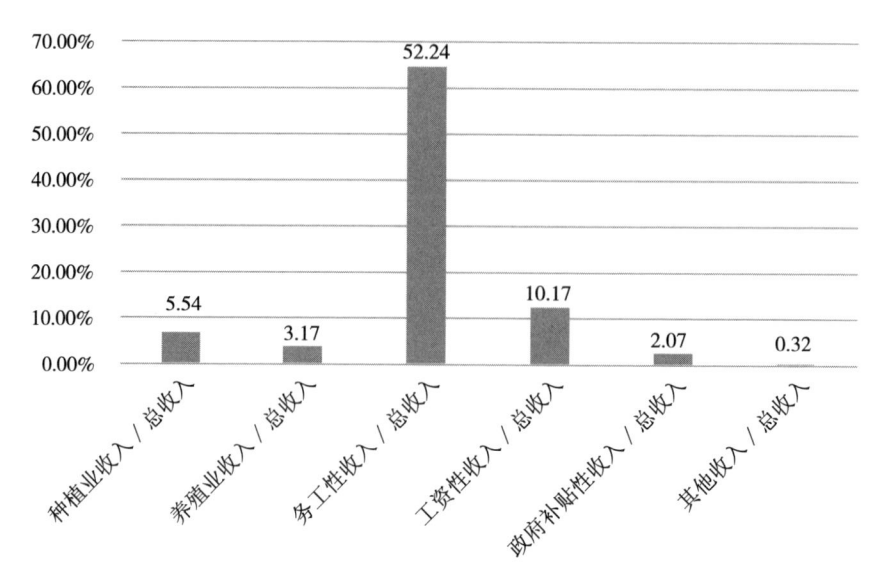

图2-1 西北四县样本农户分项收入占比

种植业收入/总收入 5.54
养殖业收入/总收入 3.17
务工性收入/总收入 52.24
工资性收入/总收入 10.17
政府补贴性收入/总收入 2.07
其他收入/总收入 0.32

庭总支出情况如图2-2所示。由图2-2可知，用于生产性支出占比较低（包含种植业支出和养殖业支出），说明农户自身的经济条件与意识制约了家庭生产发展。

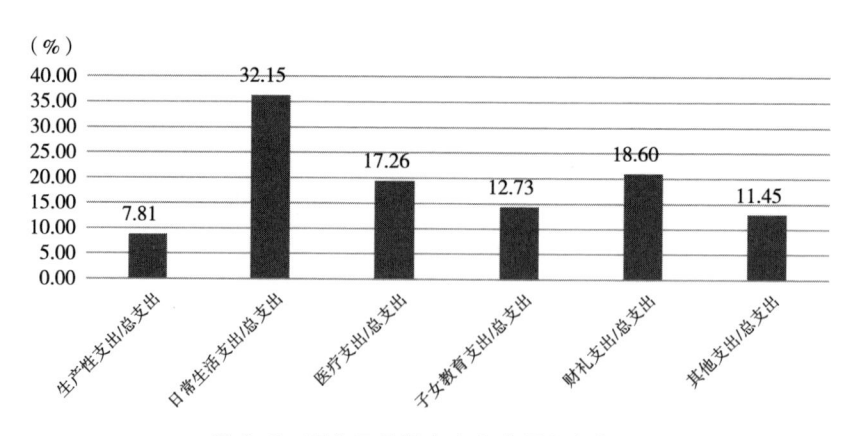

图2-2 西北四县样本农户分项支出占比

生产性支出/总支出 7.81
日常生活支出/总支出 32.15
医疗支出/总支出 17.26
子女教育支出/总支出 12.73
财礼支出/总支出 18.60
其他支出/总支出 11.45

（三）家庭收支结构性分析

将西北四县农户家庭收支分项进行拓展性分析可得表2-4及表2-5。表2-4反映农户的具体现金流量情况，据测算，样本农户资金来源总额为

13062.56万元，其中，务工性收入占比最高，约占资金总来源的一半多（占52.24%），特别的是，农户约有26.47%的资金依靠借入，其资金来源于扶贫贷款（占13.37%）和商业贷款（占13.10%）；资金运用总额为8087.6万元，农户的日常生活支出占到总支出的三成多（32.15%），此外，财礼支出、医疗支出、子女教育支出占到总支出的近一半。

表2-4 同心县、商南县、康县、乐都县四县样本农户总体资金流量

资金来源		金额（万元）	占比（%）	资金运用	金额（万元）	占比（%）
总收入	1. 种植业收入	724.24	5.54	1. 种植性支出	352.87	4.36
	2. 养殖业收入	414.17	3.17	2. 养殖性支出	278.84	3.45
	3. 务工性收入	6823.95	52.24	3. 日常生活支出	2599.93	32.15
	4. 工资性收入	1328.49	10.17	4. 医疗支出	1395.87	17.26
	5. 政府补贴性收入	271.01	2.07	5. 子女教育支出	1029.85	12.73
	6. 其他收入	42.32	0.32	6. 财礼支出	1504.3	18.60
				7. 其他支出	925.94	11.45
借入资金	7. 扶贫贷款	1746.81	13.37			
	8. 商业贷款	1711.57	13.10			
	总计	13062.56	100	总计	8087.6	100

注：根据调查数据统计整理的结果，被调查农户人口总数为6678人。

二、农户家庭的信贷活动

（一）农户信贷需求意向

从调查中农户反映的贷款需求来看，农户的贷款需求呈现出较大的差异性，为此，本书对宁夏、陕西、甘肃和青海四省（区）农户潜在的贷款需求进行统计分析，结果如图2-3所示。由图2-3可知，农户在养殖、商业运营、子女教育以及建房等方面有很高的需求，且农户贷款需求主要集中在养殖及商业运营等生产性需求上，说明农村家庭的发展意识很强烈。此外，用于培养人力资本的信贷（主要用于子女教育）和消费信贷（主要用于建房）也有一定的需求。

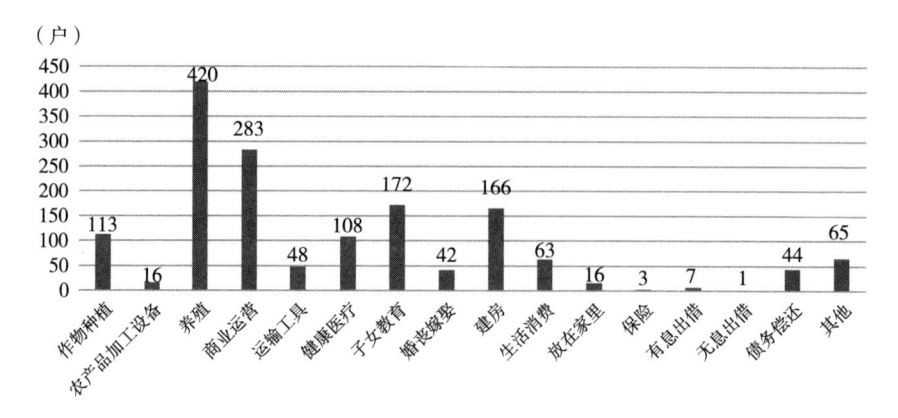

图 2-3 2017 年西北四县农户贷款需求分析

（二）农户信贷有效需求分析

信贷的有效需求考虑农户的实际还款能力，因而对农户信贷的有效需求分析更具针对性，也更具合理性。农户有效需求的判别标准：一是考虑农户家庭总收入高于户均水平 46389 元；二是家庭主要劳动力具有长期性工资收入；三是储蓄达到一定规模，高于贷款意愿。通过以上三个条件筛选出的有效信贷需求的农户共 865 户，对其贷款需求进行统计分析，如图 2-4 所示。由图 2-4 可知，具有有效贷款需求的农户侧重于养殖业和商业运营方面，占比为 37.34%，其中，商业运营占比为 18.61%。

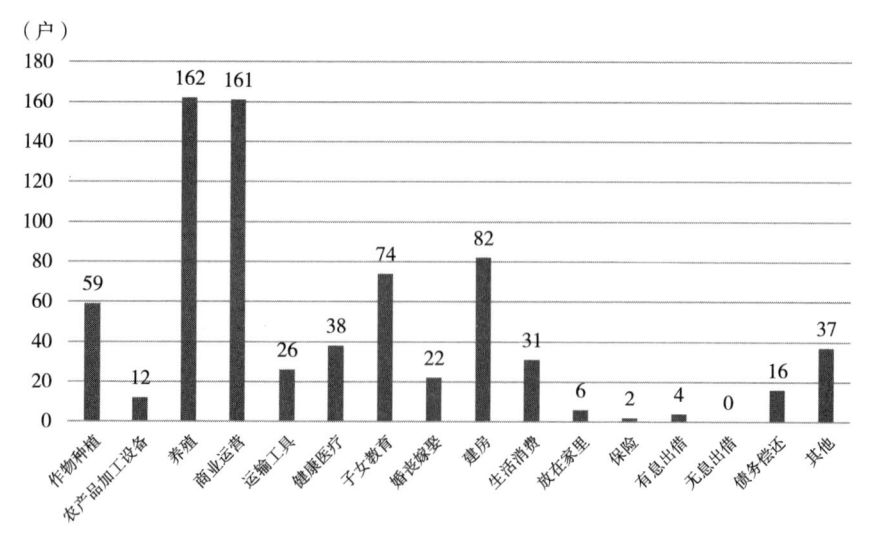

图 2-4 西北四县农户有效贷款需求分布

针对以上筛选出具有有效贷款需求的 865 户农户进一步分析其实际贷款分布。经计算，865 户中有 499 户向正规金融机构申请过贷款，贷款发生率为 57.69%，具体分布情况如图 2-5 所示。由图 2-5 可知，具有有效贷款需求农户的生产经营类支出占比最大，为 40%，其次为建房置业支出。865 户农户中有 245 户没有在正规金融机构发生过贷款行为，没有发生贷款的原因也值得深入探讨，其中有 135 户认为不需要贷款，45 户担心无法偿还，28 户认为申请不到，19 户认为利息太高，具体分布情况如图 2-6 所示。

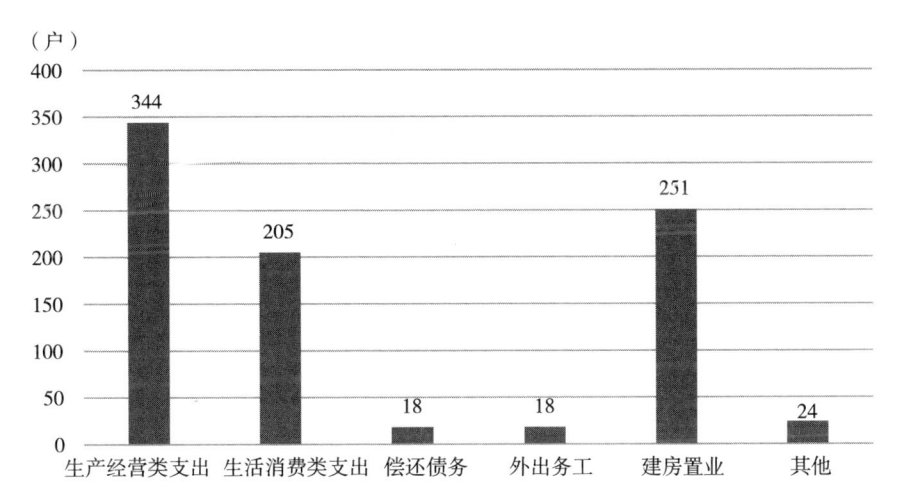

图 2-5 西北四县有效贷款需求农户的实际贷款分布

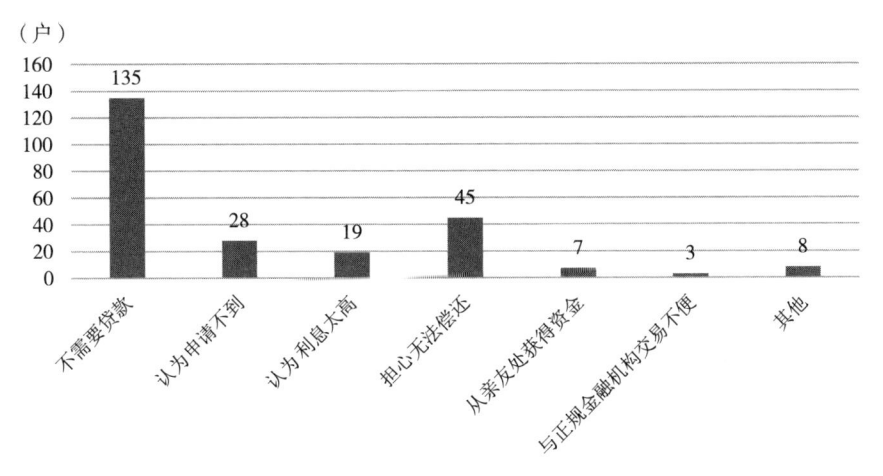

图 2-6 西北四县有效贷款需求农户的信贷约束原因及其分布

第四节 农户家庭的信贷可得性与信贷用途

本节承接上节内容，继续沿用 2018 年西北四省（区）农村经济金融调研组的调查数据，通过对农户家庭信贷支付意愿、贷款期望利率、贷款获批情况等的分析，试图深入挖掘信贷可得性与信贷用途的差异性及其本质原因，为后续章节的分析奠定现实基础。

一、农户家庭的信贷可得性

（一）农户信贷支付意愿分析

农户对贷款利率的期望水平反映了农户贷款的支付意愿。西北四省（区）农户期望利率总体分布如图 2-7 所示。农户期望贷款利率在 5% 以下的占总调查户数的 70.9%，期望贷款利率在 6%—10% 的占总调查户数的 25.8%，期望贷款利率在 11%—15% 占总调查户数的 2.7%，期望贷款利率在 16% 以上占总调查户数的 0.6%。被调查农户中七成以上对贷款利率的期望水平在 5% 以下，结合在调研过程中与农户座谈交流发现作为贷款需求方的农户多数都有贷款利

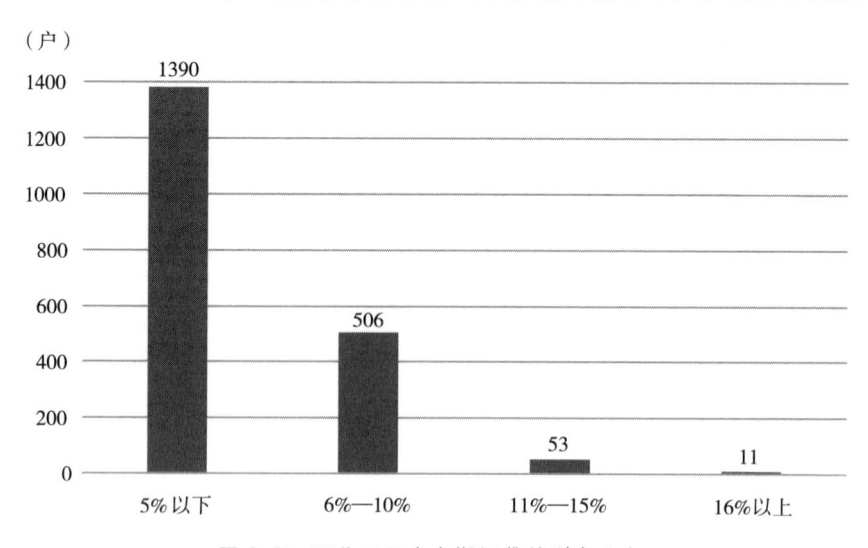

图 2-7 西北四县农户期望贷款利率分布

率越低越好的倾向，参考 2017 年中国人民银行制定的基准贷款利率水平 4.35%—4.9%，各银行机构基于基准利率浮动，可初步判定基准贷款利率与多数农户期望利率水平相吻合。

四省（区）各自农户期望贷款利率分布情况也不尽相同：陕西商南县调研的 439 户农户中，期望贷款利率在 5% 以下的农户占 59.00%，期望贷款利率在 6%—10% 的农户占 34.50%，期望贷款利率在 11%—15% 的农户占 6.70%，期望贷款利率在 16% 以上的农户占 0.30%；宁夏同心县调研的 441 户农户中，期望贷款利率在 5% 以下的农户占 67.20%，期望贷款利率在 6%—10% 的农户占 30.20%，期望贷款利率在 11%—15% 的农户占 2.30%，期望贷款利率在 16% 以上的农户占 0.30%；甘肃康县调研的 649 户农户中，期望贷款利率在 5% 以下的农户占 71.10%，期望贷款利率在 6%—10% 的农户占 26.60%，期望贷款利率在 11%—15% 的农户占 1.40%，期望贷款利率在 16% 以上的农户占 0.90%；青海乐都县所调研的 431 户农户中，期望贷款利率在 5% 以下的农户占 85.70%，期望贷款利率在 6%—10% 的农户占 12.90%，期望贷款利率在 11%—15% 的农户占 1.00%，期望贷款利率在 16% 以上的农户占 0.30%（见图 2-8）。

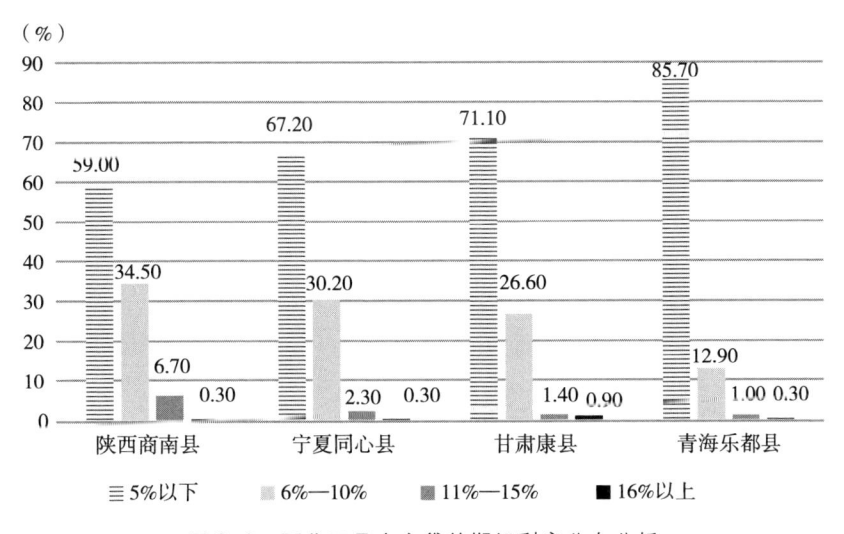

图 2-8 西北四县农户贷款期望利率分布分析

由以上区域农户贷款期望利率分布的差异性不难看出，商南县及同心县调研农户对贷款的支付意愿要高于康县及乐都县的调研农户。这也潜在反映出商南县及同心县调研农户对金融服务的了解程度要高于康县及乐都县的调研农户。农户信贷支付意愿与农户信贷可得性之间是否存在某种关联？这要与调研中得到的实际信贷行为数据结合进行分析。

(二) 农户信贷特征及关联性分析

在1960户调查农户中，申请贷款的农户有905户，占调查农户总数的46.17%。其中，期望贷款利率5%以下的农户有620户，占申请贷款农户总数的68.50%，获批户数559，获批率（即占该期望利率水平申请农户总数，下同）为90.16%；期望贷款利率6%—10%以下的农户有245户，占申请贷款农户总数的27.01%，获批户数231，获批率为94.26%；期望贷款利率11%—15%以下的农户有30户，占申请贷款农户总数的3.31%，获批户数29，获批率为96.67%；期望贷款利率16%以下的农户有10户，占申请贷款农户总数的1.10%，获批户数8，获批率为80.00%，如表2-5所示。

表2-5 2017年农户期望贷款利率与申请贷款、获批贷款情况

期望利率水平	5%以下	6%—10%	11%—15%	16%以下	合计
申请户（户）/申请户数占总申请户数比重（%）	620/68.50	245/27.01	30/3.31	10/1.10	905/100.00
获批户（户）/申请户数占总申请户数比重（%）	559/90.16	231/94.26	29/96.67	8/80.00	827/91.38

不难看出，农户信贷与期望贷款利率间有如下联系：农户的期望利率越高，越容易发生贷款，并且获批的概率也更高；相反，农户的期望利率越低，越不容易贷款，并且获批的概率也较低。即农户的贷款需求、贷款成功率均与农户期望利率呈正向变化。通俗来讲，贷款利率的高低即贷款"价格"的高低，贷款的期望利率既反映了农户对贷款的"支付意愿"，也潜在揭示出农户还本付息的能力及其信用状况。一般而言，期望贷款利率高的农户对当地的金融服务了解程度较高，其发生借贷行为的概率也较高。根据我们实地调查了解到的情况，部分金融机构通过增加隐含借贷成本来提升门槛的情况仍然存在，

将负担借贷成本能力较低的农户拒之门外的情况仍然存在。

表 2-6 西北四县调研户数与发生贷款行为农户户数统计

地区	陕西商南县	宁夏同心县	甘肃康县	青海乐都县	合计
发生贷款行为户数/总调研户数（户）	116/439	173/441	93/649	11/431	393/1960
发生贷款行为户数占总调研户数比（%）	26.42	39.23	14.33	2.55	100

事实上，不仅调研的整体数据反映出这样的关联，而且不同区域间的横向对比也能印证这一论断。从图 2-8 可以看出西北四县农户期望贷款利率分布存在差异。陕西商南县调研农户中期望贷款利率在 5% 以下的农户占比为 59.00%，而在青海乐都县所调研农户中期望贷款利率在 5% 以下的农户占比高达 85.70%。结合表 2-6 对农户发生贷款行为的统计，不难看出农户期望贷款利率在 5% 以下分布比重相对较低的商南县与同心县，其发生贷款行为的农户比例要高于康县和乐都县。再次印证了上文结论。

二、农户家庭的信贷用途

在了解农户潜在的贷款需求后，那么实际中农户贷款用途具体是怎样的呢？为此，本书在问卷中设计了贷款用途选项，为凸显地区差异的特点，本书对四省（区）农户贷款的实际用途分别进行统计，结果如图 2-9 所示。

由图 2-9 可知，农户贷款的实际用途主要为建房置业和生产资料，分别占比 43.32% 和 28.71%，康县和商南县农户贷款用于建房置业比重较大，说明农户的投资消费行为侧重于基本生活条件的改造；同心县农户贷款在生产资料和生产服务支出方面较其他三县占比较大，其主要原因在于当地针对农户推行"三户联保"政策，极大地刺激了农业生产。

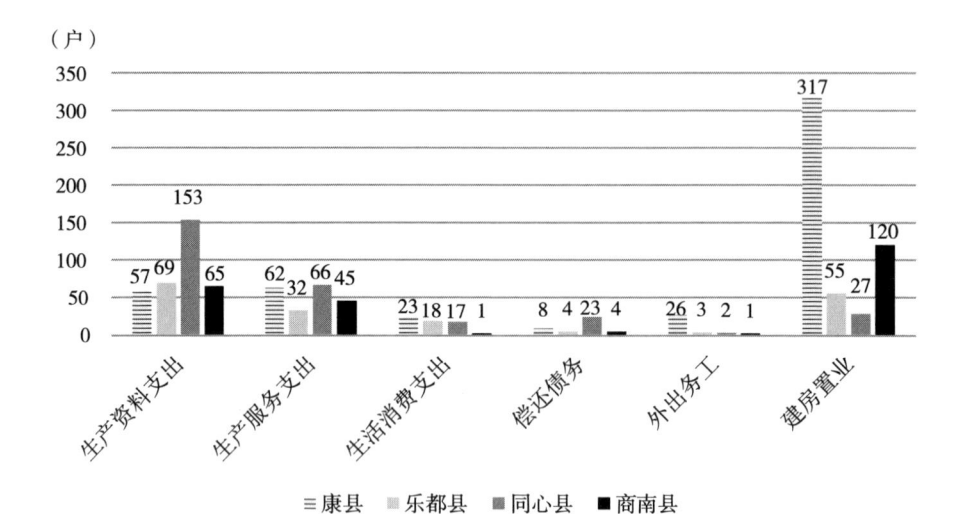

图 2-9　西北四县农户贷款实际用途分布

第 三 章
农户何以选择农耕：成本收益与规模效应

本章通过对陕西师范大学的"后贫困农村金融农户调查"课题组2018年的实地农户调查样本（1960户家庭）第一手资料的收集，结合当地典型贫困村进行入户调研并与当地金融机构座谈的基础上，运用统计方法描述农户的要素禀赋、户主技能、金融需求及其用途、土地规模与土地经营方式，进而刻画农户家庭类型、基本经济特征及其获得金融支持状况，探索农户在信贷及土地经营制度改革方面的运行机制，分析西北贫困地区农户家庭在金融支持下的土地经营方式转变。为第四、五、六章讨论金融支持对农户家庭土地经营行为和效率的作用效果及运行机制奠定现实基础。

第一节　农村田野调查设计与样本选择

本章选取数据来源于陕西师范大学"后贫困农村金融农户调查"课题组于2018年开展的实地农户调查。采用分层抽样和随机抽样的方法进行采样。调研区域主要涵盖西北地区陕西、甘肃、宁夏及青海四省（区），调研县域均为国定贫困县。按照农户生计条件的优劣随机选定贫困县乡镇，依据此条件再随机选取2个村庄，每个村庄随机选取30户以上农户进行问卷调查和访谈（具体样本选取情况见表3–1）。所有调研数据均采用面对面访谈的形式获得。[①] 剔除调查中部分不合理的数据，经处理所获农户样本调研问卷的有效份

[①] 每一地区的调研过程分为三个阶段：首先，与当地政府、人民银行及所辖区金融机构座谈，了解当地经济与产业发展情况；其次，与乡镇干部、村干部交谈，熟悉所属村镇农户生产经营状况；最后，调研组成员入户访谈，并填写调查问卷，每户问卷的访谈时间为1—2小时。

数为 1960 份。调查内容涉及农户家庭基本情况、金融服务、投资生产、政策评价与期望四部分。其中，家庭基本情况中重点涉及农户家庭总收入，为核算出较为真实的家庭总收入，将总收入细分为种植收入、养殖收入、务工收入、工资性收入与政府补贴性收入；金融服务主要涉及两方面，一方面了解农户贷款用途和贷款实际情况，另一方面考察农户对金融机构的评价与意愿。为了深入研究农户的经济行为及其类型特征，本章主要从农户家庭要素禀赋、户主技能分布、农户类型特征及其信贷需求情况，农户耕种的成本收益/经营规模及其土地经营方式选择等方面进行分析。

表 3-1　2018 年农户调查样本点分布

省市	区县	乡镇	村	样本量	省市	区县	乡镇	村	样本量
陕西省商洛市	商南县	富水镇	黄土凸村	80	青海省海东市	乐都县	达拉乡	百草台	38
			富水社区	69			雨润镇	汉庄村	81
			王家楼村	26				深沟村	102
			王家庄	49				羊圈村	107
		试马镇	红庙村	58				汉庄村	63
			百家岗村	53				下杏园	42
甘肃省陇南市	康县	王坝乡	郭家娅村	73	宁夏吴忠市	同心县	预旺镇	贺家塬村	13
			廖家院村	33				南关村	55
			苟家庄	33				沙土坡	19
			鸡山坝村	63				南塬村	32
			大水沟	63				土蜂村	35
			李家庄	65			下马关镇	郑儿庄村	77
			何家庄	40				下垣村	26
		长坝镇	段家庄	80				下塬村	26
			花桥村	41				新园村	51
			赵沟村	39				丈儿庄	18
			大山村	94				三山井村	94
			长坝村	99					

第二节 农户家庭类型与土地经营特征

农户家庭的土地经营行为与其家庭类型关系密切，具体而言，与农户土地经营相关的要素包括人口年龄及劳动力情况，家庭劳动力数量是家庭经济的基础，劳动力的类型对家庭总收入的影响很大，由人口年龄分布及规模可以得知农村地区劳动力是否充足；受教育程度及技能，农村家庭中户主的文化程度及技能一定程度上反映家庭收入来源的特征；还有农户拥有的耕地类型及面积，能够直观分析土地是否适宜农作、是否可以产生较好的土地收益等。

一、家庭要素禀赋

家庭的产出与投入的要素有关，首先对调研的1960户农户人口的年龄分布、家庭劳动力分布、受教育程度和耕地类型及面积进行概括性的分析。

（一）家庭人口与受教育程度

人口年龄分布情况：所调研农户家庭年龄结构中16岁以下占比19.58%，16—30岁占比20.72%；31—45岁占比23.67%；46—65岁占比24.15%；65

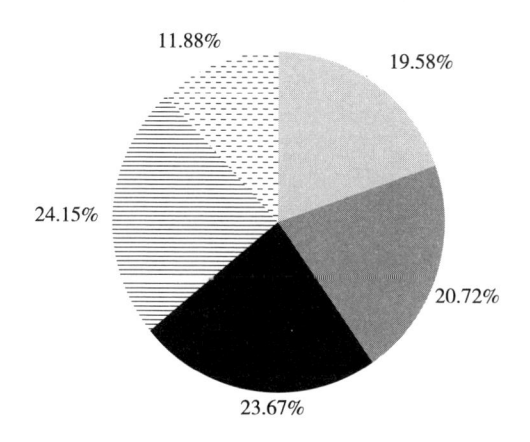

图 3-1 西北四县农户家庭人口年龄分布

岁以上占比 11.88%，如图 3-1 所示。根据年龄数据显示得知，农村人口年龄分布较为均匀，大部分集中在 65 岁以下，目前来说劳动力比较充足，但是人口逐步步入老龄化，将来劳动力规模在一定时间内将会持续下降。

在所选取的 1960 户农户中，小学以下学历占比 29.54%；小学毕业占比 18.38%；初中毕业占比 27.13%；高中毕业占比 15.02%；大专及以上学历占比 9.93%，如图 3-2 所示。通过对农户受教育程度综合分析不难得出，农户受教育程度普遍偏低，大多是初中以下学历，也就存在所掌握技术水平不高从而制约农村农业经济生产的发展。

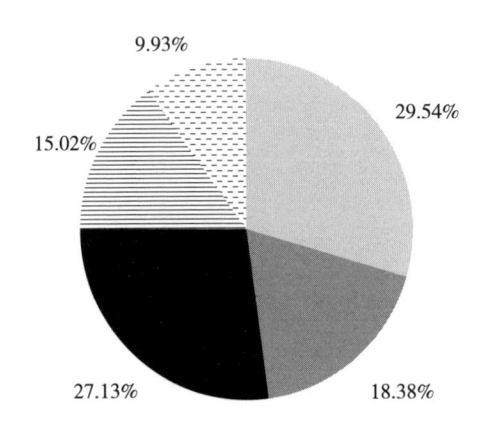

图 3-2 西北四县农户家庭人口受教育程度分布

（二）农户家庭劳动力分布

家庭劳动力数量是家庭经济的基础，劳动力的类型对家庭总收入的影响很大，故有必要对劳动力进行比较分析。本章从三个方面全面刻画农户劳动力特征，即劳动力总数、常年务农劳动力数和常年务工劳动力数，统计结果如表 3-2 所示。总体来看，常年务工人数远远大于常年务农人数，户均劳动力为 2.28 人/户。

表 3-2 西北四县样本农户劳动力分布

调查项目	观察值（户）	最大值（人/户）	最小值（人/户）	平均值（人/户）	标准差
劳动力总数	1726	8	0	2.28	1.11
常年务农劳动力数	840	7	0	1.61	0.81
常年务工劳动力数	1231	8	0	1.62	0.89

（三）农户拥有耕地类型及面积

从总体耕地面积来看，四县中同心县的户均耕地面积最多，为35.3亩，康县和商南县的户均耕地面积较少，分别为7.52亩和3.96亩，乐都县的户均耕地面积最少，为3.09亩；从耕地类型来看，同心县和康县的户均旱地耕种面积较多，分别为22.09亩和2.4亩，同心县和乐都县的户均水浇地耕种面积较多，分别为1.4亩和1.78亩，四县的耕地面积及分布情况如图3-3所示。从耕地的类型以及面积占比容易得出，同心县的耕种条件较好，而其他三县的总体耕地面积较少，能实行机械化生产的条件较低，从而加剧了农作劳作的艰苦程度，从一定程度上来说靠天吃饭的情况比较严重，故不难理解农村劳动力外流务工，以务工的收入抵抗劳作不稳定的风险，从而维持正常生活。

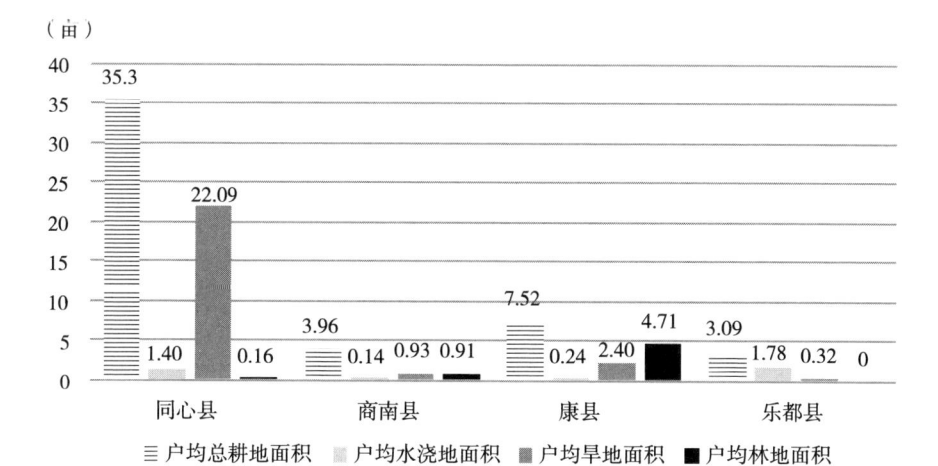

图 3-3 西北四县样本农户拥有耕地类型及户均面积

二、户主技能分布

农村家庭中户主的文化程度及技能一定程度上反映家庭收入来源的特征。农户的技能分为传统种植、养殖、工匠、机械工、运输、加工作坊、林果、药材种植、餐饮等服务业、工长、个体工商业、其他，技能分布如图3-4所示，从图3-4中可看出，户主的技能主要以传统模式的种植、养殖及工匠等为主，种植业受自然灾害影响大，收益低且具有不稳定性，这也成为农户收入增长困难的重要因素。而较为先进的生产工艺不多，在后期的农村经济发展中先进生产工艺的投入尤为重要及迫切。

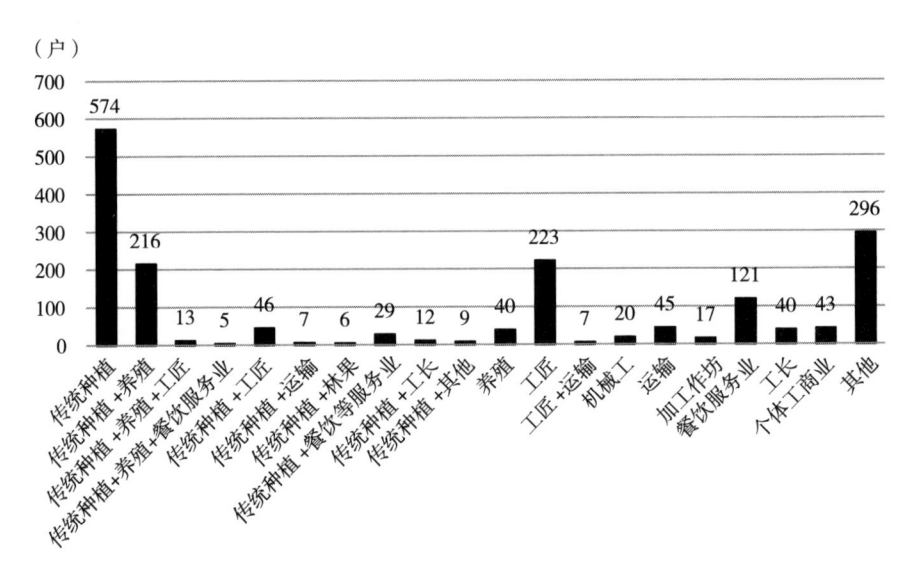

图3-4 西北四县样本农户户主技能分布

第三节 农户家庭的土地经营方式选择及其成本收益

一、农地作物生产成本、收益与农户耕种意愿

随着农村市场经济体系的日趋完善，农户可获收入来源也趋于多样化，农户行为的经济理性的特点慢慢凸显出来。通常认为，在效益驱使下农户总是倾

向于选择收益率相对高的经营生产活动，或是因收益率高低选择是否从事农地生产。

土地生产很大程度上由日照、灌溉、土壤等自然条件决定，不同的农作物生产对土地条件要求迥异。因而，农户的土地生产经营选择取决于对土地生产要素情况的判断。如表3-3所示，西北四县的地形基本为大漠平原、山区与丘陵，其中，青海乐都县的丘陵地形单位亩产收益最高，陕西商南县次之，分别为1670.26元和1560.03元，宁夏同心县农户的种植收益最低，为228.95元。

表3-3 2017年西北四县农作物每亩生产成本、收益与农户耕种意愿

		陕西商南县	宁夏同心县	甘肃康县	青海乐都县
地形		山区	平原大漠	山区	丘陵
产值（元）		2415.91	399.90	687.67	2329.05
种植总成本（元）		855.89	170.54	192.09	658.79
种肥（元）		629.23	125.54	158.01	587.3
农机（元）		8.66	30.69	26.76	9.49
雇佣人工（元）		218.00	14.71	7.32	62.00
种植收益（元）		1560.03	228.95	495.59	1670.26
收益率（%）		64.57	57.25	72.07	71.71
是否继续从事土地生产（户,%）	继续经营土地	78（48.15%）	198（68.04%）	126（58.33%）	100（60.24%）
	继续经营并转出部分土地	22（13.58%）	13（4.47%）	21（9.72%）	1（0.60%）
	继续经营并转入部分土地	10（6.17%）	65（22.34%）	40（18.52%）	32（19.28%）
	不再经营土地	52（32.10%）	15（5.15%）	29（13.43%）	33（19.88%）
有效种植户（户）		162	291	216	166

有效种植户根据农地收益率和非农从业情况，选择不同的土地经营方式：整体来看，继续经营土地与继续经营土地并转入部分土地的农户家庭占比最

高，宁夏同心县选择继续经营土地的种植户约占七成，并有 22.34% 的家庭选择转入部分土地扩大生产规模，青海乐都县选择继续从事农地生产的种植户也占到六成。

二、不同规模下农户的土地收益与耕种意愿

如果农地生产呈现规模报酬递增，假定信贷或其他投入的供给并不受到约束，那么，家庭农地规模越大就越趋向于更大的资本土地比率。从调研情况来看，除宁夏同心县外，其余三县种植户均实际耕地面积仅有 3.63 亩，这种小规模的土地不利于吸引农户农地生产经营行为与投资决策。

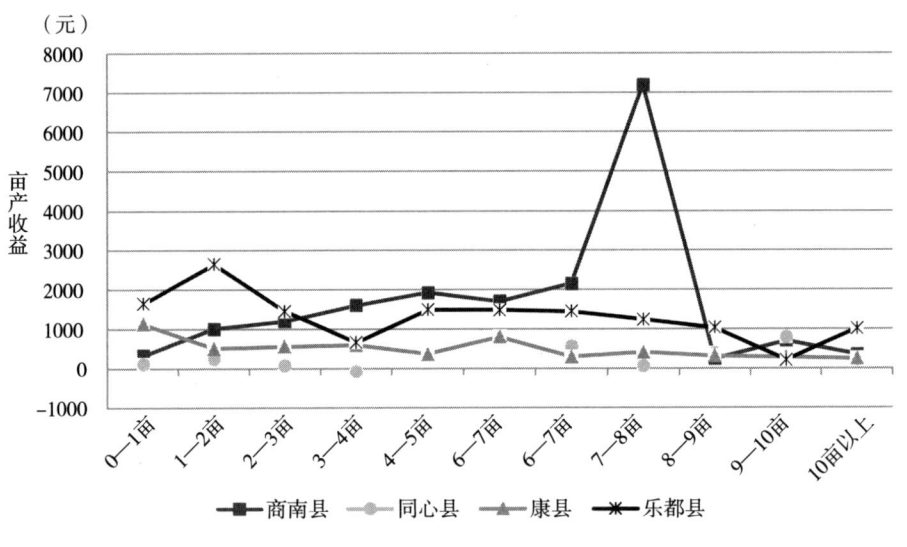

图 3-5　不同耕种规模下西北四县农户土地经营收益

我们假定农地规模较大，投资和生产率就会增长。那么，这里就需要阐明农地生产与规模效益的关系。为了估测西北四个样本县在农地生产经营方面的规模效益，我们取每一耕种单位（亩）为测量区间，将耕种规模划分为 10 亩以下的 10 组和 10 亩以上的 1 组。由图 3-5 估测结果表明，西北四个样本县均呈现出一定的规模效益，在耕种规模较大的同心县，由于 10 亩以下农户家庭仅占 5%，即分布在 0—10 亩各组样本数量少，且为极端值，无法代表同心县的整体情况，针对同心县耕地情况重新以 10 亩为单位划分组别，结果显示同

心县也存在一定的规模收益，但收益相较耕种规模小的农区少很多；在具有较小耕种规模的三个县（商南县、康县和乐都县），均呈现出一定的规模效益。在耕种平均规模最小的乐都县（户均少于3亩），分别在0—2亩和2—7亩区间具有一定的规模效益增长情况。在商南县，同样具有耕地规模与收益同向变动的规律，当耕地规模达8亩后，由于供给的增加少于农地规模的增加，造成规模报酬事实上的递减。在康县，1—6亩区间耕种规模内收益增长农地收益的规模性递减现象更为明显。这些结果表明，在农地规模较小的区域内规模收益会递增。与农地规模较大的农区相比，农地规模较小的县，对与土地生产相关的资本需求也较小，且比农地规模的比例小得多。

表3-4汇报了农户土地经营方式的转变情况。对照表3-3农户耕地规模收益，农户是否继续从事土地经营与其收益关系密切，土地收益越高，选择继续生产经营土地的农户也越多。其中，宁夏同心县农户继续耕种土地的意愿最强，可能原因在于，由于现在已出现的使用役畜、大型农机具等带来的资本不可分性问题，过小的耕种规模可能会成为妨碍投资和生产率提高的一个因素，具有较大耕种规模的农区资本利用更为充分，农户在拥有一定程度生产工具等耕种资本的前提下，更愿意继续或扩大耕种规模，以实现可观的种植规模收益。

表3-4 不同耕种规模下西北四县农户继续从事土地经营的占比

规模 地区	0— 1亩	1— 2亩	2— 3亩	3— 4亩	4— 5亩	5— 6亩	6— 7亩	7— 8亩	8— 9亩	9— 10亩	10亩 以上
商南县	57.14	71.43	57.78	39.13	50.00	60.00	62.50	100.00	100.00	0.00	66.67
同心县	/	100.00	/	100.00	40.00	100.00	/	75.00	100.00	100.00	90.98
康县	66.67	82.86	83.78	75.00	66.67	70.00	77.78	85.71	80.00	50.00	88.57
乐都县	86.67	79.49	80.56	79.31	80.95	71.43	80.00	/	66.67	/	50.00

第四节 农户家庭的土地经营效率及其金融支持

农户的土地经营方式因金融支持方式不同而呈现一定差异性。一般来说，借贷需求的产生对农户土地经营规模存在一定的扩大效应。相较于小规模经营农户，大规模经营农户借贷需求更加强烈，此外，种养农户借贷需求也更加强烈，获得贷款的能力也相对较强。然后，融资约束对农户土地经营意愿同样存在一定的制约。小规模农户和低收入人群由于受到资产等级、农地规模和信贷交易成本等因素的约束，难以在农地产权制度改革中获益。

一、不同金融支持下农户土地经营方式的选择

表3-5 不同借贷水平下的农户土地经营方式选择差异

单位：户（%）

借贷水平	转出土地经营权	土地经营权入股	保有土地经营权	转入土地经营权
0元	79（11.83）	206（20.84）	259（38.77）	124（18.56）
10000元以下	3（25.00）	2（16.67）	2（16.67）	5（41.67）
10000—30000元	0（0.00）	6（28.57）	7（33.33）	8（38.10）
30000—50000元	5（4.90）	33（32.35）	39（38.24）	25（24.51）
50000—100000元	3（2.54）	30（25.42）	39（33.05）	46（38.98）
100000元以上	0（0.00）	9（29.03）	9（29.03）	13（41.94）

表3-5揭示，获得借贷的农户家庭仅有三成。按获得借贷规模划分可知，借贷水平在"10000元以下"的家庭土地转出意愿最为强烈，借贷水平在"30000—50000元"的农户多倾向于选择土地经营权入股及保有土地经营权，而可获得"100000元以上"贷款的农户则是选择转入土地经营权，扩大生产规模。随着家庭可获贷款水平的增长，农户选择继续从事土地生产经营的意愿也愈发强烈。这一现象表明，贷款额度的大小在一定程度上可以反映出农户的经济状况和生产能力。自身经济实力较强，在教育、技能和投资意识等方面都具有优势的农户，具备较强的抗风险能力，贷款需求量大，对从事土地经营的意愿也有可能相应提高。

二、不同经营规模下农户土地经营方式的选择

样本中选择保有土地经营权的农户为355户，占比最高（比例为

37.29%），其他土地经营愿意最强烈的依次是选择土地经营权入股、转入土地经营权与转出土地经营权的农户（比例分别为30.04%、23.21%、9.45%），这说明当前农户的土地流动意愿整体上较为强烈，如表3-6所示。特别的是，无论何种规模的农户均倾向于选择保有自家土地继续经营。这一结果说明，土地是农户赖以生存的根本保障，有20.80%的10亩以下小规模农户希望通过转入土地经营权扩大土地生产经营规模，使家庭有赖以维系生存的基本保障，并且在有土地流转意愿的农户中，具有转入意愿的农户比例要明显高于有土地转出意愿的农户。而有一定规模土地（10—50亩的中等规模）的农户仍希望保有土地经营权（比例为8.40%），继续从事农业生产活动，拥有土地面积在50亩以上的农户在土地经营方式上选择土地经营权入股方式的意愿较为强烈。

表3-6 不同经营规模下的农户土地经营方式选择差异

单位：户（%）

	转出土地经营权	土地经营权入股	保有土地经营权	转入土地经营权
小规模（0—10亩，<10亩）	76（7.98%）	228（23.95%）	249（26.16%）	198（20.80%）
中规模（10—50亩，≥10亩）	16（1.68%）	36（3.78%）	80（8.40%）	16（1.68%）
大规模（50亩以上，≥50亩）	9（0.95%）	32（3.36%）	36（3.78%）	13（1.37%）
小计	90（9.45%）	286（30.04%）	355（37.29%）	221（23.21%）

第 四 章

解构农户土地生产效率：金融市场支持有效吗？

本章聚焦于贫困地区农户土地生产效率，从金融业市场化指数、国有银行网点数和信贷配置三个方面表征农村金融市场化水平，依据农村固定观察点农户数据，采用面板 SFA 模型测算农户土地全要素生产率，研究金融市场化对农户土地全要素生产率的影响。结果表明，样本农户的平均土地生产率为 0.81，整体生产率低于最优水平约 10%—30%；以国有银行网点数和信贷配置作为金融市场化的代理变量，发现二者均对土地生产率产生显著负向影响；根据农村金融市场化发展阶段，二者随不同观测时期依然呈现出土地生产率的负向效应，但改革后观察期的负向效应有所减少；以生产借贷为调节变量的交互回归显示，信贷配置程度的提升促进了农户家庭所获生产借贷的机会，刺激农户家庭从事农业生产的动机更为强烈，农户土地生产率受信贷配置的依存程度进一步加强。因此，政府应继续坚定地推进农村金融市场化改革，引导金融资本的流向，营造良好的农业生产环境与投资环境，一定程度上稳定农户的投资预期。通过本章对农户土地生产效率的深入解构，可以潜在地认为，金融市场化以及金融支农效率，不仅体现在农业农村发展，更体现在对农户家庭生产的有效支持。

改革开放以来，我国以家庭联产承包责任制为重要标志的农业改革，带来了农业产量稳步增长，农业生产条件得以改善，农村和农民生活面貌发生了巨大变化。但从根本上看，农业与工业部门之间的二元经济特征仍未发生改变，在许多地区传统农业耕作方式乃至传统的小农经济特点仍得以维系。我国农业面临转型升级和供给侧结构性改革的巨大压力（翁鸣，2017）。已有研究指出,农业部门生产要素配置不当导致出现系统性的生产效率损失（盖庆恩等,2014）。作为农业部门生产要素的劳动、土地、资本尚未完全实现市场化配置,农业产业链向资本、技术密集型环节的延伸远未适应现代农业的内涵。背后起作用的可能是市场化条件及体制因素,尤其是在一定程度上支配、引导不同生产要素形成组合配置的金融资源。农村金融对促进农业经济发展及其可持续发展发挥重要作用［李谷成等,2014；哈格布拉德（Haggblade）,2007］。对于农业生产而言,存在弱质性明显、农户自有资金不足等显著特征,需要投入大量资金且周期较长,因而需要提高金融中介的配置效率,刺激更多的储蓄和投资为其提供充足的资金支持,以保证农业生产活动的顺利进行（钟腾等,2020）。但是这些功能的有效发挥可能需要依赖于农村金融市场化的促进。那么,我国农村金融市场是否与农业经济增长的现实需求相匹配,金融市场化进程的推进是否能够有效促进农业的经济增长？如何推进？其内在机制是什么？本章将对这些问题做重点研究。

第一节　数据来源与变量选取

一、数据来源

本章收集中国农村农户家庭1995—2015年的相关数据,具体数据来自中共中央政策研究室、农业农村部农村固定观察点办公室（简称"农村固定观察点办公室"）编制的《全国农村固定观察点调查数据》（1995—2015）中涵盖全国31个省（自治区、直辖市）23000个农户家庭的有关数据,这一样本规模数远远大于当前多数研究成果的样本规模。农村固定观察点办公室连续多年基于固定不变的村和户进行长期跟踪调查,数据具有稳定且连续的特征,便于动态跟踪研究和综合分析。用于数据平减的价格指数数据来源于历年《中国统计年鉴》。

二、变量选取与处理

本章讨论对象是我国农村农户家庭1995—2015年的家庭借贷、土地规模变化与农户土地经营过程。需要说明的是，为了保证与农业投入（包含劳动力、资本）统计口径相一致，相关分析不考虑牧渔及存在相关副业的农业，只考虑包括农林两大产业的农业。这与李谷成（2009）、郭军华（2010）等的处理方式一样。根据数据的可得性和合理性，对各指标变量的具体刻画如下。

（一）农村金融市场化

基于不同的研究视角，学者们对"金融市场化"赋予了不同的含义。按照各自不同的定义，在已有的研究中，不同学者对测度金融市场化各有侧重点。针对我国商业银行业市场化改革，樊纲等（2011）所发布的市场化指数报告中将"金融业的市场化指数"（Fan Index）作为市场化水平的衡量标准。由于该指数从国有和非国有构成比例上反映金融市场化水平，而农村实际情况有所不同，若参照该指数不能准确反映农村金融体系市场化水平。

为了准确反映农村金融市场化，我们选取了另外两个指标来间接反映金融市场化进程：一是国有商业银行的网点数。通过前文的分析，商业银行网点数的下降是银行市场化改革的一个结果。随着商业银行撤出农村地区，农户的信贷获得会随之下降，因此农户正规贷款与国有商业银行网点数预期呈现出正相关。

二是本章从信贷资金分配的市场化角度，选取农户获取民间借贷与正规机构借贷资本比值作为农村金融市场化水平变动的代理指标。通过前述分析，农村正规金融机构和非金融机构信贷资金分配变化是农村金融市场化改革的结果。随着农村金融市场的逐步开放以及市场化改革的深入，中国农村地区家庭获取信贷资金的来源与数量正在发生重要变化，势必在一定程度上改变农村地区金融资源配置格局，也能够较好体现农村金融市场竞争程度变化。故而，选取这一指标更具代表性。

我们也注意到，农村正规金融机构在改革进程中也具有"市场化"内涵，包括信贷管理和金融服务供给意愿，但与非正规信贷比较，正规信贷在贷款规模、信贷利率方面受到更严格的管制。例如，中国在宏观经济走出1998—2002年通货紧缩后，2003年信贷扩张迅猛，以及2008年危机后2010年出现结构型通胀，两种情况下央行均恢复信贷规模管理。

（二）产出变量

土地经营产出 y：以1995年不变价格计算的农户家庭农林业总产值表示。

（三）投入变量

资本投入 k：用各作物品种单位面积上所花费的物质费用总和表示。因为农业中较为可靠的固定资本存量数据难以获取，一般以各分项投入计入，如种子秧苗、机械作业、农家化肥和灌溉等。但正如厄尔·O. 黑迪所指出的，农业领域内本质不同的资本产品没有共同的物质单位，必须在一定程度上进行适度综合，用价值量来衡量以便于计算。

劳动力投入 l：用从事农林业从业人员衡量。

（四）中间变量

生产借贷 $loan$：从生产资金需求视角选取农户的农业借贷获得作为生产借贷指标。

（五）其他控制变量

土地规模 cr：在狭义农业的定义下，土地投入即农作物播种面积。此处所讨论的农业包括农林牧渔四大产业，土地规模不仅包括用作耕地的土地，还包括非用作耕地的土地。根据数据的可得性，采用农户年末经营土地面积表示，单位为亩/户。

人力资本 $human$：参照彭国华（2007）[1]的做法，采用教育回报率方法将投入农业生产的劳动力平均受教育程度转换为具有人力资本附加的劳动力存量。首先计算用于表征农村劳动力平均受教育程度的农村劳动力受教育年限[巴罗和李（Barro，Lee），2012][2]。结合样本数据，农村劳动力程度分为文盲半文盲、小学、初中、高中及以上，把平均受教育年数分别定为1.5、6、3、3年。教育年数转换成人力资本存量时，需要知道教育回报率，由于目前在中国并没有一个公认的分教育阶段的教育回报率数据，所以采用国外学者

---

[1] 彭国华：《我国地区全要素生产率与人力资本构成》，《中国工业经济》2007年第2期。
[2] Barro R. Jl, Lee J. W., *A New Data Set of Educational Attainment in the World, 1950-2010* [J], *Journal of Development Economics*, 2012 (104), pp. 184-198.

(Psacharopoulos, 1994; Psacharopoulos et al., 2004)[①] 对中国的估计数据，数据表明，中国教育回报率在小学教育阶段为 0.18，中学教育阶段为 0.134，高等教育阶段为 0.151。我们采用该数据，设 $exp(Ei)$ 为分段线性函数：

$$exp(Ei) = \begin{cases} 0.18, & 0 < i \leq 6 \\ 0.134, & 6 < i \leq 12 \\ 0.151, & i > 12 \end{cases}$$

当然，这样计算人力资本存量不是没有缺点，例如忽视了劳动经验和技术培训对人力资本积累的作用，这方面的数据目前还无法得到。相较之前学者直接运用教育年数的方法，此处采用的教育回报率方法具有考虑不同教育阶段可以产生不同生产效率的优点。

农村家庭规模 *size*：用农村地区家庭每户常住农村人口数衡量。

金融基础设施 *infra*：用农户家庭拥有固定电话与移动电话数之和表示金融基础设施状况，单位为部/户。

为消除通货膨胀的影响，对农户土地生产效率的投入产出数据进行价格指数平减，本章用到的价格指数有居民消费价格指数（CPI），固定资产投资价格指数（FII），原材料、燃料、动力购进价格指数（MEI）。具体指标选择及描述性统计分析结果见表 4-1。从整体上看，各个变量的离散程度均较低，没有出现极端观测值。

表 4-1　指标选择及描述性统计分析结果

变量名称	均值	标准差	最小值	最大值
产出				
土地经营产出 *lny*	9.2216	0.3788	8.6337	9.9111
投入				
资本投入 *lnk*	8.7286	0.5511	8.0202	10.3123

[①] Psacharopoulos, G., *Returns to Investment in Education: A Global Update* [J], *World Development*, 1994, 22, pp. 1325-1343.

Psacharopoulos, G., Patrinos A. A., *Returns to Investment in Education: A Further Update* [J], *Education Economics*, 2004 (12), 2, pp. 111-133.

续表

变量名称	均值	标准差	最小值	最大值
劳动投入 l	1.5174	0.4322	0.5700	2.2360
中间变量				
家庭借贷 lnloan				
核心解释变量				
金融市场化—银行网点 branch	0.1152	0.0838	0.3233	0.0221
金融市场化—信贷配置 allocation	6.4000	0.5619	5.1516	7.4441
控制变量				
土地规模 lncr	7.2081	2.6201	4.0400	11.0600
人力资本 edu	1.4823	0.1095	1.2529	1.7338
家庭规模 size	4.0596	0.2462	3.6700	4.6270
金融基础设施 infra	1.3862	1.2200	0.0100	3.7200

注：表中变量均以农村农户为单位。

第二节 基于农户土地生产效率的 SFA 模型构建

一、效率测算模型

目前，已有文献对农业效率测算方法可以分为非参数法与参数法。非参数法包括数据包络分析法（DEA）和自由可置壳法（FDH）。参数法包括随机前沿分析法（SFA）、自由分步法（DFA）和厚边界方法（TFA）。SFA 模型的主要优点在于能够把无效率项和随机误差分离，能够保证被估效率的有效一致性。皮特和李（Pitt，Lee，1981）[1]首次将 SFA 应用到面板数据，由于其放松了原截面 SFA 须对效率项分布做先验假设的要求，且允许效率项与模型中的投入产出项存在相关性，面板 SFA 已经成为 SFA 理论和效率分析应用研究

---

[1] Pitt M M, Lee L F., *The Measurement and Sources of Technical Inefficiency in the Indonesian Weaving Industry* [J], Journal of Development Economics, 1981, 9 (1), pp. 43-64.

的主流方法。边文龙和王向楠（2016）对不同类型的面板 SFA 模型作了系统的梳理总结，各种 SFA 模型都存在相应的严格假设和局限。本章的研究目标是测算农户家庭从事土地经营的全要素生产效率，并分析金融市场化、农户借贷行为对土地生产效率的影响。研究效率影响因素的 SFA 模型有"一步法"和"二步法"之分，"一步法"估计需要对效率误差和随机误差做先验假设，同时所要求数据样本量较大。综合考虑，本章采用"二步法"进行估计，即先忽略效率的影响因素，采用极大似然法估计效率值，然后将效率值作为被解释变量，分析金融市场化、农户借贷行为对土地生产效率的影响。为能较好地测算农业生产的全要素生产效率，本章主要考虑截面 SFA 模型、效率不随时间变化的面板 SFA 模型和效率随时间变化的面板 SFA 模型三种模型。此处设定面板 SFA 模型的基本形式如下：

$$y_{it} = a + f(x_{it}, b) + \mu_{it} \tag{4-1}$$

$$\mu_{it} = \nu_{it} - \omega_{it} \tag{4-2}$$

式（4-1）和式（4-2）是面板 SFA 模型"二步法"的基本形式。其中，y_{it} 是第 i 户农村家庭在 t 年的农业产出；$f(x_{it}, b)$ 是农户家庭的土地生产函数，x_{it} 是第 i 户农村家庭在 t 年的投入要素向量，主要包括土地经营资本 k、劳动力 l 和技术投入 s，b 是待估参数向量；ν_{it} 是随机干扰项，且 $\nu_{it} \sim iidN(0, \sigma_\nu^2)$；$\omega_{it}$ 是非负随机干扰项，即模型中农户家庭生产中的技术非效率部分。若 ω_{it} 不受时间 t 影响，则表明投入效率不随时间而发生变化，ω_{it} 可以被视为一个固定参数或是随机变量，此时为效率不随时间变化的面板 SFA 模型。本章采用 Battese 和 Coelli（1995）[1] 提出的假设，$\omega_{it} \sim iidN^+(\omega, \sigma_\nu^2)$；若 $\omega_{it} = \delta(s)\omega_i$，则是将第 i 户农村家庭在 t 年技术无效率指数（μ_{it}）定义为平均技术无效率指数与一个指数函数的乘积，此时为效率随时间变化的面板 SFA 模型，其中，$\delta(s)$ 为技术效率指数的变化率。本章采用库姆巴卡尔（Kumbhakar, 2000）提出的假设 $\delta(s) = exp[(-\eta(t-T)]$；当 $T=1$ 时，模型退化为截面数

---

[1] G. E. Basttese, T. J. Coeui, *A Model for Technical Inefficiency Effects in a Stochastic Frontier Production Function for Panel Data* [J], *Empirical Economics*, 1995 (20), pp. 325-332.

据模型。根据模型的估计结果，农户家庭的土地生产效率水平可以通过下式计算获得：

$$TFP_{it} = E(exp\{-\omega_{it}\} | \mu_{it}) \quad (4-3)$$

二、包含金融部门内生化的土地全要素生产率模型

在现有文献中，Levine（1997）① 构建了一个包含金融部门的经济增长模型，检验了金融发展和经济增长之间的关系。布埃拉等（Buera，et al.，2011）通过构建内生化全要素生产率的模型，进一步分析金融发展对经济增长的影响。借鉴他们的思想并对其扩展，本章以内生增长理论为研究基础，假定土地全要素生产率受到金融市场化影响。在式（4-1）的基础上，采用如下形式的生产函数：

$$y_{it} = A_{it} \times f(x_{it}, b) \quad (4-4)$$

将生产函数设定为希克斯中性，由于假定土地全要素生产率受到金融市场化配置的影响，因此设 A 是一个多元组合，即：

$$A(fin_{it}, control_{it}) = A_{i0} \times fin_{it}^{\alpha_1} \times control_{it}^{\alpha_2} \quad (4-5)$$

其中，A_{i0} 表示影响 TFP 的其他因素，fin_{it} 为金融市场化，$control_{it}$ 为控制变量，α_1 和 α_2 为参数。

将式（4-5）代入式（4-4）中，可以得到：

$$y_{it} = A_{i0} \times f(l_{it}, k_{it}) fin_{it}^{\alpha_1} \times control_{it}^{\alpha_2} \quad (4-6)$$

对式（4-6）进一步变形可得：

$$TFP_{it} = \frac{y_{it}}{f(l_{it}, k_{it})} = A_{i0} \times fin_{it}^{\alpha_1} \times control_{it}^{\alpha_2} \quad (4-7)$$

对式（4-7）两边取对数可得：

$$lnTFP_{it} = ln A_{i0} + \alpha_1 lnfin_{it} + \alpha_2 lncontrol_{it} \quad (4-8)$$

本章研究重点为金融市场化对土地全要素生产率的影响。此处在式（4-8）基础上构建本章所需要研究的计量模型如下：

---

① Levine, R., *Financial Development and Economic Growth*: *Views and Agenda* [J], *Journal of Economic Literature*, 1997, 35, pp. 688-726.

$$lnTFP_{it} = \delta_0 + \varphi' lnfin_{it} + \theta' lncontrol_{it} + C_i + \mu_{it} \tag{4-9}$$

其中，δ 为待估参数，φ' 为核心变量待估参数集合，θ' 为控制变量待估参数集合，C_i 为不可观察效应部分，$lnfin_{it}$ 为金融市场化。本章所研究的金融市场化可以看作为农户家庭生产提供的金融环境，因而是外生的。

根据现有相关研究，将以下几个变量作为控制变量引入模型：生产性借贷（loan）、人力资本（human）、家庭规模（size）。同时引入金融基础设施状况 infra。金融基础设施状况的影响是不确定的。从需求角度来看，一种观点认为，发达的信息技术的普及使得经济学中的空间出现虚拟化倾向，需求方获取金融信息和金融服务更加容易，从而降低了获得金融服务的成本；另一种观点则认为，本土金融基础设施的缺乏可能使得需求者转向相距较远的金融服务机构。但是实践证明很少有顾客通过电话和网络申请金融服务，人们还是偏爱面对面的交流，本地金融服务仍是居民的首选。由此，设定研究模型中的 $lncontrol_{it}$ 为一个多元组合：

$$lncontrol_{it} = \theta_1 human + \theta_2 lninfra + \theta_3 lncr + \theta_4 lnsize \tag{4-10}$$

将式（4-10）代入式（4-9）得到进行实证检验的计量模型：

$$lnTFP_{it} = \delta_0 + \delta_1 lnfin_{it} + \theta_1 human + \theta_2 lninfra + \theta_3 lncr + \theta_4 lnsiz + C_i + \mu_{it}$$
$$\tag{4-11}$$

第三节　农户土地全要素生产率测算

在农村金融改革的背景下，政府行为与市场演进的效率必然影响——甚至一定程度上决定着农户家庭生产要素配置，进而传导、作用于土地全要素生产率。理论界相继将目光聚焦到对土地全要素生产率的研究，认为提升土地全要素生产率是农业经济增长和可持续发展的主要动力，并从土地产出、资本投入、人力资本投入等视角对我国土地全要素生产率变化进行刻画。

一、全要素生产率测算模型设定及其检验

根据本章前述内容，必须先设定前沿生产函数 $f(x_{it}, b)$ 的具体形式。目

前，在 SFA 中生产函数通常选择柯布道格拉斯生产函数（以下简称"C-D 函数"）或超越对数生产函数（以下简称"Translog"函数）。以往研究多直接设定前沿生产函数的具体形式，而缺少严格的模型检验。假设只有劳动力、资本和技术三种投入要素，用时间趋势 t 衡量技术进步程度，则前沿生产函数 $f(x_{it}, b)$ 的 Translog 形式可表示为：

$$lnf(x_{it}, b) = \beta_0 + \beta_l lnl + \beta_k lnk + \beta_t t + \beta_{Llk}(lnl)(lnk) + \beta_{lt}(lnl)t + \beta_{kt}(lnk)t + \beta_{ll}(lnl)^2 + \beta_{kk}(lnk)^2 + \beta_{tt}t^2 \tag{4-12}$$

当约束条件 $\beta_{lk}=\beta_{lt}=\beta_{kt}=\beta_{ll}=\beta_{kk}=\beta_{tt}=0$ 成立的前提下，Translog 函数退化为 C-D 函数，C-D 函数是 Translog 函数的特殊形式。若该约束条件成立，则可用 C-D 生产函数代替超越对数生产函数进行分析，反之则选择 Translog 函数。构建似然比统计量：

$$LR = -2\{ln[L(H_0)/L(H_1)]\} \tag{4-13}$$

式（4-13）中，$L(H_0)$、$L(H_1)$ 分别是零假设 H_0 和备择假设 H_1 下的对数似然函数值，经 LR 检验，结果如表 4-2 所示。$p=0$，拒绝零假设，说明 C-D 函数的设定比 Translog 函数更加合理，印证了本章理论部分的严谨和可靠性。

表 4-2 模型设定 LR 检验

Likelihood-ratio test	LR chi2（6）= 39.37
（Assumption：cd nested in translog）	Prob>chi2 = 0.0000

本章的前沿生产函数 $f(x_{it}, b)$ 的 C-D 函数形式如下：

$$lnf(x_{it}, b) = \beta_0 + \beta_l lnl + \beta_k lnk + \beta_t t \tag{4-14}$$

二、农户土地全要素生产率

依据所选定的生产函数模型，表 4-3 给出不同设定下 SFA 模型的部分估计结果，依次为截面 SFA 模型、效率不随时间变化的面板 SFA 模型（即时不变效应模型）及效率随时间变化的面板 SFA 模型（即时变效应模型）。在所有设定下，资本投入和劳动投入均在 1% 的水平下显著，劳动投入在截面 SFA 模型中的系数虽然为正，但并不显著，这说明在不考虑个体效应与时间效应前提下，农户家庭土地经营行为取决于劳动要素投入。从表4-3中LR似然比检验结果来看，无效率成分随时间发生变化的面板SFA模型显著优于无效率成分不随时间发生变化的面板SFA模型，结合模型中变量的显著程度，面板SFA模型显著优于截面SFA模型。因此，土地全要素生产率的测算以及随后的影响因素分析都将基于时变效应SFA模型展开。

表4-3 面板SFA模型的估计结果

	截面SFA模型	时不变效应SFA模型	时变效应SFA模型
k	0.743*** (0.101)	0.590*** (0.0708)	0.583*** (0.0938)
l	0.0822 (0.0746)	0.135*** (0.0510)	0.135*** (0.0511)
t	0.229*** (0.0400)	0.345*** (0.0421)	0.348*** (0.0508)
Constant	2.444*** (0.940)	3.393*** (0.669)	3.437*** (0.794)
lnsigma2	-5.110*** (0.582)	-3.791*** (0.480)	-3.752*** (0.611)
ilgtgamma	-3.910*** (0.586)	1.918** (0.607)	1.974** (0.804)
mu		0.197** (0.0829)	0.199** (0.0849)
eta			-0.00817 (0.0786)
个体效应	否	是	是
时间效应	否	是	是
Log likelihood		65.926588	65.93178
p值		0.0000	0.0000
Wald chi2 (3)		409	240.28

注：*、**、***分别表示在10%、5%和1%水平上显著。括号内为对应的t统计值。

1995—2015年，我国东、中、西部地区土地全要素生产率平均为0.8079，对农业经济的贡献为54.3%。图4-1绘制了根据公式（4-3）所计算的土地全要素生产率（TFP）变化趋势。土地TFP大致先后经历了1995—1996年停滞、1997—2001年递增、2002—2006年下降和2007—2015年趋于平稳四个时期。这与全炯振（2009）测算的中国农业全要素生产率的增长过程总体上呈现下降（1985—1991年下降、1992—1996年停滞与1997—2007年下降）的趋势有相似的阶段性特点，但亦体现出区域差异化特征，例如西部地区2012年以后有所下降，中部地区2009年以后显著上升。表明东、中、西部地区土地TFP的波动特征与中国农业发展阶段存在一定程度的相似与吻合，也具有一定的代表性（全炯振，2009）。

TFP的样本均值和标准误差分别为0.8079和0.0961。从区域划分角度来看，东、中、西部地区的土地全要素生产率存在显著差异，其效率值最小值为0.6320，最大值为0.9656；多数土地全要素生产率集中在0.63—0.86之间，表明整体上土地全要素生产率比最优水平低了约10%—30%。

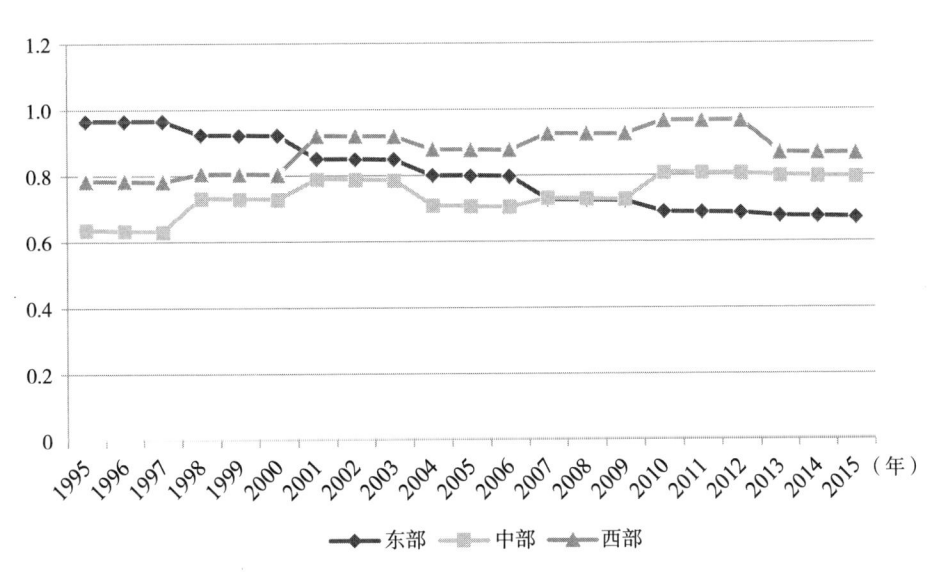

图4-1　1995—2015年东、中、西部地区土地全要素生产率变化

第四节　金融市场化影响农户土地全要素生产率的实证分析

一、农户土地全要素生产率的影响分析

表4-4报告了金融市场化对土地全要素生产率的影响结果。依据逐步回归的思想，在模型Ⅰ、Ⅲ和模型Ⅱ、Ⅳ中分别控制银行网点数、信贷配置变

量。模型Ⅰ—Ⅱ仅考虑核心解释变量的生产效应回归结果，模型Ⅲ—Ⅳ同时纳入控制变量，所有模型均控制了时间效应与个体效应。整体来看，银行网点数的回归结果均显著且表现为正向影响，信贷配置表现为显著负效应，且核心解释变量的显著性均较高，解释变量系数的影响也较为稳定。在加入控制变量的条件下，回归的拟合度较高，表明模型设置有效，能够对农户土地全要素生产率作一定合理解释。特别地，相较于模型Ⅰ—Ⅱ、模型Ⅲ—Ⅳ的LR稳步上升，一定程度上佐证了模型框架的合理性。

计量结果表明，无论使用哪个指标来衡量金融市场化，其结论都与我们的理论预期是一致的，即随着金融市场化的推进，农户家庭的土地生产率是下降的。银行网点数的回归系数均显著为正，信贷配置的回归系数均显著为负，表明在控制各自异质性条件的基础上，随着国有商业银行机构撤出农村地区，农户土地生产率呈现下降趋势。同样地，随着非正规借贷配置占比的提升，农户土地生产率呈现负向影响。模型Ⅰ—Ⅳ的结论一致。

表4-4 主效应回归

	无控制变量		有控制变量	
	模型Ⅰ	模型Ⅱ	模型Ⅲ	模型Ⅳ
$allocation$	-0.0739*** (0.0103)		-0.0292*** (0.0074)	
$branch$		1.3130* (0.6922)		1.2896*** (0.3386)
$lnloan$			0.0646* (0.0347)	0.0154 (0.0325)
$lncr$			-0.3120*** (0.0676)	-0.3972*** (0.0716)
edu			0.6220** (0.2932)	0.8126*** (0.2887)
$infra$			-0.0002 (0.0145)	-0.0736*** (0.0234)
$lnsize$			0.7225*** (0.2539)	0.5975** (0.2514)

续表

	无控制变量		有控制变量	
	模型Ⅰ	模型Ⅱ	模型Ⅲ	模型Ⅳ
Constant	1.0739 (0.8242)	0.8223*** (0.0538)	-0.2292 (0.5581)	0.4268 (0.5187)
个体效应	是	是	是	是
时间效应	是	是	是	是
LR	84.8565	70.1117	107.3985	106.6307

各控制变量的回归结果显示（模型Ⅲ—Ⅳ），农村地区金融基础设施状况的影响显著为负，金融基础设施的短缺难以形成有效辐射，本土金融基础设施的缺乏可能使得需求者转向相距较远的金融服务机构，甚至放弃借贷行为，增加农户办理金融业务的成本，进而阻碍农业生产所需资本的积累。农户家庭规模系数显著为正，表明了家庭成员越多，劳动产出越高。人力资本系数显著为正，恰好说明农业生产在技术上仍存在较为落后的状况，对劳动力的依存度较高，劳动力的受教育程度更是对推动农村地区农业生产有着极为重要的作用。农村土地直接影响着农业的发展与生产效率，但其生产效率统计上出现显著负影响，这一反常现象源于土地流转制度的限制使农地效率的规模效应微弱，未给农业发展带来效率进步。农户生产性借贷对其生产效率的影响为正，但仍较为微弱。当农户生产性借贷获得同时与银行网点数发挥作用时，对农户土地全要素生产率未呈现显著效果，而在信贷资金配置情景下对农户土地全要素生产率影响统计上显著为正，意味着市场化改革后国有银行网点收缩和撤离，由于农村信用社转向以经济效益为导向的经营方式，提供的金融服务能力有限，农户家庭生产并未对其作出明确反应，说明在较长历史时期农村地区家庭因缺少分享金融服务而存在明显的金融排斥状态，农户利用金融产品面临障碍。后面将对不同用途借贷差异如何影响农户土地生产效率进行剖析。

二、不同时序下农户土地生产率的非匀质效应分析

为了验证前文的回归结果稳健性以及各因素对土地生产率的促进作用是否

具有阶段性特征,将样本期间分为1995—2005年和2006—2015年两个阶段。划分的主要依据首先是参照图4-1,土地生产率呈现明显的阶段性变动,其次是2006年年底,中国银行业监督管理委员会颁布《关于调整放宽农村地区银行业金融机构准入政策 更好支持社会主义新农村建设的若干意见》,即所谓准许成立新型农村金融机构的准入"新政"。依据上述所划分时间节点,可以分析不同时期土地生产率的异质性,并构建面板 SFA 模型对其内在变化进行回归分析,回归结果如表4-5所示。所有模型均控制了时间效应与个体效应。

表4-5 不同时序下的土地全要素生产率非匀质效应分析①

观测期	1995—2005 年		2006—2015 年	
	模型 V	模型 VI	模型 VII	模型 VIII
allocation		−0.0430 (0.0280)		−0.0232* (0.0121)
branch	2.2766*** (0.8051)		1.0623*** (0.2860)	
Constant	−0.7668 (0.9545)	0.7982*** (0.0447)	−1.2933* (0.6739)	0.2021 (0.5434)
控制变量	是	是	是	是
个体效应	是	是	是	是
时间效应	是	是	是	是
LR	59.6961	61.1117	56.9529	58.3910

注:*、**、***分别表示在10%、5%和1%水平上显著。括号内为对应的 t 统计值。

整体来看,解释变量的显著性均较高,解释变量系数的正向或负向影响也较为稳定,在加入控制变量的条件下,回归的拟合度较高,表明模型设置较为合理有效,能够对土地全要素生产率作出合理解释。计量结果显示,金融市场化改革前后对土地全要素生产率与主效应回归结论一致。2006年农村金融改革"新政"后,国有银行网点数对生产效率产生的影响较改革前呈现显著上升,随着国有商业银行撤出农村地区,土地生产率有所下降,但下降幅度减

---

① 由于篇幅有限,本表仅汇报了核心解释变量的估计结果,表4-7中对估计结果的描述与此一致。

少，即国有银行网点数每变动1个百分点，农户土地全要素生产率随之同向变动缩小至1.0623个百分点。同样地，非正规金融的信贷配置占比对土地生产率的影响仍然呈现显著负效应，但影响效应有所增加。计量结果表明农村金融改革"新政"推出以后市场对农户土地生产率产生一定积极作用，即国有银行网点数和信贷配置对农户农业生产效率的影响以农村金融政策改革进程中2005年为分界点发生了明显变化。从国有银行网点数、信贷配置与农户土地生产率间的统计结果亦可发现，两者与生产效率间的相关性十分稳定，很少受到其他因素的影响。

三、以信贷配置为中介的金融市场有效性检验

农户家庭可能出于不同的动机配置资源，而通过上文的分析可知，基于不同动机的农户家庭，其生产要素配置对于土地生产率的影响显然不同。那么我们提出一个猜想，即国有银行网点数、信贷配置对土地生产率的作用会受到农户生产借贷获得状况的影响，农户获得生产贷款的机会越大，意味着银行加大对农业的资金贷放，国有银行网点数、信贷配置对农户生产性借贷抑制作用相对较小，农户的生产用途资本增加，生产效率随之增加。换言之，国有银行网点数、信贷配置对土地生产率的影响，会随生产性借贷调节作用的改变而改变。

若一个解释变量 x_1 对被解释变量 y 的效果可能会受到另一解释变量 x_2 的影响时，设定交叉项回归如下：

$$y = \sigma_0 + \sigma_1 x_1 + \sigma_2 x_1 x_2 + \sigma_3 x_2 + \mu \tag{4-15}$$

则 x_1、x_2 分别对 y 的边际效果为：

$$\frac{\Delta y}{\Delta x_1} = \sigma_1 + \sigma_2 x_2 \tag{4-16}$$

$$\frac{\Delta y}{\Delta x_2} = \sigma_3 + \sigma_2 x_1 \tag{4-17}$$

鉴于国有银行网点数、信贷配置对农户土地生产率均可能受到农户生产性借贷的影响，式（4-11）写为：

$$\ln TFP_{it} = \sigma_0 + \sigma_1 allocation + \sigma_2 allocation \times lnloan + \sigma_3 lnloan + \sigma_4 edu + \sigma_5 lninfra + \sigma_6 lncr + \sigma_7 lnsize + \mu_{it} \quad (4-18)$$

$$\ln TFP_{it} = \sigma_0 + \sigma_1 branch + \sigma_2 branch \times lnloan + \sigma_3 lnloan + \sigma_4 edu + \sigma_5 lninfra + \sigma_6 lncr + \sigma_7 lnsize + \mu_{it} \quad (4-19)$$

检验式（4-18）和式（4-19）中 $lnloan$ 的调节效应，具体结果如表4-6所示。

表4-6　农户生产性借贷获得对农户土地生产率的调节效应检验

	模型Ⅸ	模型Ⅹ
$allocation$	-0.9415* (0.5287)	
$allocation \times loan$	0.1538* (0.0788)	
$branch$		8.2308** (4.0322)
$branch \times loan$		-1.0180* (0.5348)
Constant	-0.1102 (0.8156)	-2.1270** (0.8941)
控制变量	是	是
个体效应	是	是
时间效应	是	是
LR	59.7441	56.7214

注：*、**、***分别表示在10%、5%和1%水平上显著。括号内为对应的 t 统计值。

表4-6中不同模型的因变量均为农户土地生产率，使用的是SFA面板模型，所有回归均控制了省份层面变量、省份固定效应和年份固定效应，解释变量设置同上，用于作为国有银行网点数、信贷配置与农户土地全要素生产率相关性的稳健性检验。国有银行网点数、信贷配置的系数与控制变量的作用方向均与前文实证结果类似，与表4-5的回归结果对应，表明国有银行网点数和信贷配置确实对农户土地生产率产生一定程度的负向作用。

模型Ⅸ、模型Ⅹ分别报告了加入国有银行网点数、信贷配置及其与生产借贷交叉项后的回归结果。模型Ⅸ显示，信贷配置变量系数显著为负（-0.9415），同时与生产借贷占比交叉项符号为正且显著（0.1538），说明在农村金融市场化的影响下，信贷配置程度的提升促进了农户家庭所获生产借贷的机会，刺激农户家庭从事土地生产经营的动机更为强烈，农户土地生产率进而受信贷配置的依存程度进一步加强，具体体现为当 $lnloan = 0$，即农户生产借贷为 1 时，非正规信贷配置占比水平每增加 1%，农户土地生产效率便增加 1.0953%，农户生产性借贷与信贷配置的交互项显著为正，说明生产性借贷促进农户土地生产率的作用随着信贷配置程度的提高而增强，生产性借贷显著地提高农户土地生产率，随着农村金融市场化程度的提高，生产性借贷对农户土地全要素生产率的正向作用会愈发显著。

模型 X 显示，农户土地全要素生产率受国有银行网点数的影响随农户获得生产借贷机会表现为显著同向变动，国有银行网点数通过为农户家庭提供生产借贷资本的机会进而对土地全要素生产率产生反向调节作用。具体体现为当 $lnloan = 0$，即农户生产借贷为 1 时，国有银行网点数每变化 1 个百分点，农户土地全要素生产率便额外产生同向变化 7.29 个百分点，此时农户生产借贷与国有银行网点数交互项显著为负，农户生产性借贷的作用主要体现在通过获得资源促进农户从事土地生产的动机，随着金融市场化进程，国有银行网点数成为借贷资源配置的主体，减弱了农户生产性借贷的作用。

以上结果说明高度的金融自由可以为农户带来土地生产效率的提升，由于缺少政府支持与监管，农村金融市场难以释放其潜能，其对农户土地生产效率的作用还远远不够，一定程度上加剧了农村地区金融资源配置的非均质布局，农户借贷资本更多地向非农部门转移，进一步加速了农村金融资本的离农程度。

四、稳健性检验

为测试计量结果的稳定性，本章展开了一系列稳健性检验，结果如表 4-7 所示。（1）更换被解释变量土地生产率使用滞后一期的土地生产率水平（TFP_{t+1}）作为因变量，对被解释变量进行变量替代，重新回归以检验回归结果的稳健性，回归结果如检验 I 所示。可见，核心解释变量金融市场化的回归系数与之前一致。（2）考虑到农户样本的个体层面可能存在部分不随时间而改变的干扰因素，因此选择使用随机前沿时不变效应模型（SFA_ti）完成计量回归，计量结果如检验Ⅱ所示。结果显示这一变化不改变各个变量系数之间的比较关系，对本章的结论不产生影响。同时模型的有效性、各个变量的显著性和系数几乎没有发生变化，说明分析结果具有一定的稳健性。（3）更换解释变量金融市场化，使用樊纲的市场化指数（Fan Index）作为核心变量，对其进行变量替代，重新回归以检验回归结果的稳健性，回归结果如检验Ⅲ所示。①

表 4-7 稳健性检验

变量	检验Ⅰ：TFP_{t+1}	检验Ⅱ：SFA_ti	检验Ⅲ：Fan Index
金融市场化	0.254*** (0.0073)	0.719*** (0.0877)	-0.0571** (0.0013)
$lnloan$	0.0971*** (0.0357)	0.0894** (0.0412)	0.0598* (0.0347)
edu	0.5118* (0.2863)	0.2550 (0.3250)	0.4712** (0.2584)
$lncr$	-0.2913*** (0.0662)	0.1435 (0.1034)	-0.3071*** (0.0736)
$infra$	-0.0314 (0.0238)	0.0420*** (0.0132)	-0.0037 (0.0215)
$lnsize$	0.5422** (0.2476)	1.0353*** (0.3802)	0.7225*** (0.2539)
Constant	-0.2060 (0.5613)	-1.5773*** (0.5922)	-0.2176 (0.5713)
个体效应	是	是	是
时间效应	是	是	是
LR	104.2398	98.9884	106.5893

注：*、**、***分别表示在10%、5%和1%水平上显著。括号内为对应的t统计值。

本章小结

使用1995—2015年农户固定观察点数据样本，本章研究了农村金融制度变迁进程中国有银行网点数、信贷配置对于农户土地全要素生产率的影响，得

---

① 表4-7中前两种检验采用国有银行网点数作为金融市场化的代理变量，检验Ⅲ选取Fan Index作为代理变量，也可采用信贷配置作为代理变量进行验证。此次不作逐一汇报。

到以下结论:

(1) 总体上看,国有银行网点数对农户土地生产效率产生显著的积极作用,农村金融市场化呈现为抑制作用,且国有银行网点数的生产效应优于市场作用。在经过变量替换、回归方法调整等一系列稳健性测试之后,这种正向效应依然显著。

(2) 农户土地全要素生产率呈现出阶段性变化,依据观测,大致先后经历了1995—1996年停滞、1997—2001年递增、2002—2006年下降和2007—2015年平稳四个时期。

(3) 从农户生产性借贷获得的视角剖析,生产借贷对提高生产效率的促进作用来源于高度金融市场化通过更多的提供农户家庭所获生产借贷的机会,刺激了农户家庭从事土地生产的动机;农村金融市场化与政府支持均通过促使农户生产借贷资本的机会增加对土地生产效率产生正向效应,这是因为,农村地区地方政府支农力度的加强能够提高农村金融市场化程度,引导金融资本的流向,减少"金融离农",营造良好的农业生产环境与投资环境,稳定农户的投资预期,最终促使农户实现长周期、稳收益的农业生产投资。

尽管本章基本结论是金融市场化水平的深化一定程度上抑制了农业经济增长,但更多地为农户家庭获得了借贷机会,改革后其对农户土地生产效率的促进作用比较微弱,但是本章的政策含义并非质疑市场化改革的方向,而是在坚持市场化改革的同时,需要根据农业经济特征以及农户家庭在金融市场条件下处于竞争趋势的具体特点,弥补市场失灵,促进农村金融体系在市场化过程中提高对农户贷款的普惠性。建议通过制度创新和体制、机制改进来缓解农村金融市场的信息不对称问题:针对抵押物和权益缺失,鼓励成立政策性和商业性农村担保机构,在目前试点工作取得重要进展基础上完善和扩大、推广土地承包经营权抵押和林权抵押贷款;推进农户联保贷款制度,由农户在自愿基础上组成联保小组彼此相互担保,贷款人对联保小组成员发放贷款,并由联保小组成员相互承担连带保证责任。此外,国家还应加快农村信用担保体系建设,构建商业贷款和信贷担保的利益共享、风险共担的机制。

第 五 章

金融支持与土地规模条件下农户的土地经营选择

本章围绕贫困地区农户的土地经营选择，基于不同规模分化视角对农户的经济理性选择行为进行理论分析，揭示农贷与土地规模条件如何影响农户的农地经营选择，如何与农户对土地政策的认识、金融素养相互作用，进而对农户选择何种土地经营方式产生影响，基于获取的田野调查数据，并结合计量结果展开讨论，对农贷是否支持农户继续从事土地经营活动等展开讨论并形成认知。从家庭外出务工情况、农业经营收益、生产性投资等多个层面展开探讨，借助多元 Logit 模型剖析影响贫困地区农户土地经营选择的原因所在，并且通过测算各影响因素的平均边际效应和平均弹性，阐释农贷与土地规模对农户土地经营选择的效应及其现实意义。为促进农户土地经营规模适度、比较收益提高的农业发展方式提供有效的参考与建议。

由传统分散、小规模土地经营的生产方式转为土地经营规模适度、比较收益提高的农业发展方式，是实现农业现代化的必由之路。要实现农业规模化发展，仍需依赖于土地产权制度改革这一路径。大量文献指出，相对于土地产权不稳定带来的风险而言，土地经营制度对贫困农户生产投资决策的作用更为重要。土地制度改革为农户从事农业生产活动带来新的"红利"，有助于提高资源利用效率、克服小农家庭经营的局限，且实现贫困农户的可持续发展减贫。为此，我国在"三权分置"改革背景下进一步将第二轮土地承包期到期后再延长 30 年，为激发乡村发展活力，发展多种形式规模经营，增进土地经营绩效提供制度基础。

但是，要发展多种形式的适度规模经营，最终仍有赖于农业经营主体不同经营行为的发生对于土地经营意愿的影响因素和机制的研究，较为一致的观点认为，土地规模及收益影响农户从事土地经营意愿的决定。由于我国土地资源匮乏，小规模农户生产普遍处于边际产出大于边际成本的区间，土地的自由流转能够促使土地边际产出较小的农户将土地租让给边际产出较高的农户，显然有利于提高农村资源配置效率。通过发展规模经营可以提高土地使用规模和要素投入的使用效率，从而降低单位产出成本，提高劳动生产率和资源的利用率，发挥规模效率，提升规模收益，可以有效兼顾土地产出率和劳动生产率，是当前中国农业实现现代化发展的有效途径。但现金流的约束与未预期的农业风险也会影响农场的经营规模，经济下滑时，大规模农户往往扩大规模，小规模农户则可能缩小规模以获得更多的土地转让金。彭继权等认为土地经营权的转出能够显著降低农户的贫困脆弱性，且农户贫困脆弱性随着转出土地面积的增加而降低。可见，究竟土地规模收益能否促进农户从事土地经营的决定，学者们仍存在分歧。更值得一提的是，现有研究较多关注土地规模及收益对农户是否流转土地经营权的影响，而鲜有讨论对不同土地经营方式的影响差异。

第一节 调查方法与数据处理

为进一步研究农户土地经营意愿，本章基于对西北四县的实地田野调查，收集952户实际调查数据，并就农户家庭禀赋、土地规模与收益、家庭借贷、金融条件等指标进行统计性分析，直接或间接地描述土地经营意愿这一农户的动态心理状态。

一、调查方法

数据来源于陕西师范大学"后贫困农村金融农户调查"课题组2018年开展的实地农户调查。采用分层抽样和随机抽样的方法进行采样。本书选择陕西、甘肃、宁夏和青海四省（区）作为调查对象，按照区域地理特征，将调研地形分为平原、丘陵与山地，在四省（区）中各随机抽取2—4个乡镇，分别为陕西省商南市富水镇、试马镇，甘肃省陇南市长坝镇、王坝镇，宁夏回族自治区吴忠市下马关镇、预旺镇,青海省海东市雨润镇。所有调研数据均采用面对面访谈的形式获得。① 剔除调查中部分不合理的数据,最终获得有效农户样本952户。所调查内容涵盖户主年龄、性别、务工情况、土地耕种规模与收益、借贷获得、金融素养等方面。

二、变量选取与测量

(一) 被解释变量

土地经营意愿。土地经营意愿是农户依据自己需要和土地市场情况,对从事土地经营权产生的一种决策活动。在问卷中,通过受访者回答"今后对土地经营的打算",并根据样本数据将各选项分别赋值:1为"希望转出土地经营权",2为"希望入股土地经营权",3为"希望保有土地经营权",4为"希望转入土地经营权"。

(二) 核心解释变量

家庭借贷。作为生产性投资的主要来源,家庭借贷对农户土地经营意愿的影响具有一定的时滞效力,不仅表现为资金从投入生产到生产能力的形成需要时间,也体现为生产能力的形成到其充分发挥影响作用同样需要时间,因此,上一期的家庭借贷对当期的农户土地经营意愿同样具有效力。基于上述分析,本章用农户家庭近两年获得生产、经营性贷款规模衡量家庭借贷指标。

经营规模。本章采用农户户均播种面积来反映土地经营规模,具体包括粮食作物、油料、棉花、麻类、糖料、烟叶、蔬菜、茶园、果园等主要农作物的播种面积总和,单位为亩。

(三) 控制变量

农户的土地经营意愿是一个动态的心理状态,它受到多种因素的制约和影响,因此,本章分别选取了户主个体方面的性别、年龄,农户家庭方面的土地规模、务工情况、生产性投资等,地区层面的社区地理条件。此外,把农户的

---

① 每一地区的调研过程分为三阶段:首先,与当地政府、中国人民银行及所辖区金融机构座谈,了解当地经济与产业发展情况;其次,与乡镇干部、村干部交谈,熟悉所属村镇农户生产经营状况;最后,调研组成员入户访谈,并填写调查问卷,每户问卷的访谈时间约为1—2小时。

金融条件作为考察的因素，认为家庭金融素养将影响农户是否可获得信贷。所使用的数据全部来自直接调查（包括家庭常住人口、户主年龄、土地经营规模、家庭农业收入等）以及根据调查数据计算的间接数据（包括出售家庭借贷、生产性投资等）。

变量的含义、赋值说明及其描述性统计如表5-1所示。

表5-1 变量的含义、赋值说明及其描述性统计

变量类别	变量名称	变量描述及测算	均值	标准差
因变量	土地经营意愿	1＝希望转出土地经营权（9.45%），2＝希望入股土地经营权（30.04%），3＝希望保有土地经营权（37.29%），4＝希望转入土地经营权（23.21%）	2.74	0.92
核心自变量	家庭借贷	近两年农户家庭农贷规模的对数	3.18	4.89
	经营规模	小规模农户：0—10亩（77.21%）；中等规模农户：10—50亩（15.02%）；大规模农户：50亩以上（7.77%）	11.67	23.04
控制变量	户主性别	0＝女（12.82%），1＝男（87.18%）	0.88	0.33
	户主年龄	年龄＝问卷调查年份－户主出生年份 30岁以下（3.26%），30—39岁（11.55%），40—49岁（27.83%），50—59岁（30.78%），60岁及以上（26.58%）	51.47	12.48
	务工人数	家庭外出务工成员数	1.36	0.89
	务工地点	1＝本乡镇（47.38%），2＝本县其他乡镇（22.16%），3＝本省其他县市（18.38%），4＝其他省份（12.08%）	2.08	1.28
	生产性投资	家庭种肥、农机、雇佣劳动力等农业生产性支出	3502.81	17384.81
	农业经营收益	农户农业收入占家庭收入的比重	0.18	0.20
	金融素养	以个人风险回报认识（0＝担心风险放弃投资，1＝认识风险继续投资），个人投资用途选择（0＝不投资，1＝非农，2＝农业）与个人土地抵押贷款决策（0＝不考虑以土地为抵押贷款，1＝考虑土地抵押）各项指标得分加总衡量	1.36	0.81

调查数据表明，样本家庭户主平均年龄为 51.47 岁，且户主一般为男性。农户家庭的生产活动向非农领域转变，平均每户家庭外出务工人数达 1.36 人，务工地点也不再受限于离家较近的地点，较多农户选择本省其他县市，甚至外省作为务工地点。广大农村地区临时性、零散性的土地规模非常普遍，土地面积 10 亩以下的小规模农户占比高达 77.21%，而规模性、投资性的土地集中非常少见，50 亩以上的大规模土地仅有 7.77% 的农户家庭拥有，总体来看，农户家庭平均土地耕种面积仅为 11.67 亩。土地经营意愿选择方面，选择保有土地经营权的农户占比最高（比例为 37.29%），其他土地经营愿意最强烈的依次是选择入股土地经营权、转入土地经营权与转出土地经营权的农户，这说明当前农户的农地流动意愿整体上较为强烈，仍有大量农户家庭希望实现土地经营权流动。农业生产性投资反映了农户的农业生产能力，生产性投资越大，则更容易形成规模经营，降低平均成本并获得更高的收益。平均一户家庭用于种肥、农机、雇佣劳动力等农业生产上的投资为 3502.81 元，但农业收入占家庭收入比重仍然较低（18%），意味着更多的农户正在由农业生产活动逐渐向非农生产活动转移。

第二节 基于农户土地经营意愿的多项 Logit 模型构建

根据研究假设 H_4、H_5，首先考察以农户土地经营意愿为被解释变量，研究家庭借贷、经营规模等因素如何影响农户的土地经营意愿。本章假定有一个连续且不可观测的潜变量 Y^*，用作表示农户对于土地经营的真实意愿。Y^* 与解释变量间的关系如下：

$$Y^* = X'\beta + \varepsilon \tag{5-1}$$

式（5-1）中，X' 为影响农户土地经营意愿选择的家庭借贷、耕地规模以及其他控制变量，β 为模型回归系数，ε 是相互独立且服从逻辑分布的随机扰动项。以 Y 表示已实际观测到的农户土地经营意愿，农户通常会有 4 种土地经营意愿选择——希望转出土地经营权、希望参与入股土地经营权、希望保有土地经营权以及希望转入土地经营权，分别赋值 1、2、3、4。

建立 Y 与 Y^* 之间如下的对应关系，即：

$$Y = \begin{cases} 1, & 若 Y^* \leq r_1 \\ 2, & 若 r_1 \leq Y^* \leq r_2 \\ 3, & 若 r_2 \leq Y^* \leq r_3 \\ 4, & 若 r_3 \leq Y^* \end{cases} \quad (5-2)$$

假设扰动项的逻辑分布函数为 $F(X')$，则得到至少农户选择某一土地经营方式的条件概率为：

$$\begin{aligned} P(Y=1 \mid X) &= F(r_1 - X'\beta) \\ P(Y=2 \mid X) &= F(r_2 - X'\beta) - F(r_1 - X'\beta) \\ P(Y=3 \mid X) &= F(r_3 - X'\beta) - F(r_2 - X'\beta) \\ P(Y=4 \mid X) &= 1 - F(r_3 - X'\beta) \end{aligned} \quad (5-3)$$

多元选择模型的回归系数只能判断解释变量影响的方向和显著性，要比较解释变量影响程度的大小，需要对式（5-3）求偏导数，计算平均边际效应，得到：

$$\frac{\partial P(Y=1)}{\partial X} = -f(r_1 - X'\beta)\beta, \quad \frac{\partial P(Y=4)}{\partial X} = f(r_3 - X'\beta)\beta \quad (5-4)$$

式（5-4）中，$f(X)$ 为扰动项的密度函数。可以看出，$P(Y=1)$ 随 X 变动的方向与回归系数符号相反，而 $P(Y=4)$ 随 X 变动的方向与回归系数符号相同，$P(Y=2)$ 和 $P(Y=3)$ 随 X 变化的边际效应符号分别取决于式（5-3）中的两项概率之差。

第三节 土地规模视角下家庭借贷影响农户土地经营选择的实证分析

一、基于地形差异的农户土地经营选择估计

在实证研究设计方面，本章重点考察家庭借贷、经营规模对农户家庭土地经营意愿的影响作用，尤其是基于经营规模分化的小、中、大规模农户的效

用，构建与上文所述相关理论假说相吻合的模型，对效用结果进行检验。为此，本章选取多项Logit回归模型设定变量并予以考察。表5-2报告了农户土地经营意愿的多项Logit回归分析结果，本章将农户选择转出土地经营权即Will=1（不再经营土地）视作基准类别，并通过设定其不变进行限定。

在实证检验之前，本章先对不相关选择的独立性（IIA）假设进行检验，Hausman-McFadden检验统计量在惯常显著性水平下均未能拒绝零假设，表明可以运用多项Logit模型进行实证分析。

表5-2 农户土地经营意愿的多项Logit估计结果

解释变量	（1）Will=2（入股分红）	（2）Will=3（保有经营权）	（3）Will=4（转入经营权）
地形（对照组：干旱区）			
山区	-0.1523（0.4034）	-0.4011（0.3946）	0.7098（0.4689）
丘陵	0.8276**（0.3909）	0.3473（0.3869）	2.3027***（0.4322）
家庭借贷	0.0808**（0.0354）	0.06112*（0.0355）	0.1461***（0.0361）
农业经营收益	1.1473（1.3635）	1.2496（1.3503）	3.4582**（1.3887）
经营规模	-0.0117***（0.0029）	-0.0174***（0.0029）	-0.0104***（0.0030）
性别	-0.2534（0.3995）	0.2584（0.4163）	-0.7698*（0.4055）
年龄	-0.0118（0.0111）	-0.0238**（0.0111）	-0.0153（0.0120）
务工人数	-0.9136*（0.5118）	0.1319（0.4567）	-0.8080（0.5291）
务工地点	-0.3182**（0.1241）	-0.2012（0.1238）	0.0090（0.1327）
生产性投资	0.1483***（0.0460）	0.2174***（0.0458）	0.2056***（0.0489）
金融素养	0.9217*（0.5218）	-0.0838（0.4779）	1.3881**（0.5410）
常数项	2.6216***（0.8014）	3.0434***（0.8034）	-0.4893（0.8757）
Pseudo-R^2	0.1288		
LR统计量	312.53		
观测值个数	952		

注：*、**、***分别表示在10%、5%和1%水平上显著。括号内为对应的t统计值。

表5-2报告了家庭借贷对农户土地经营意愿影响的多元Logit回归结果。整体来看，家庭借贷的回归结果对农户土地经营的选择均表现为显著正向影

响，且在选择继续经营并转入部分土地时（Will=3）效应最大。其原因可能在于，扩大生产规模前农户必须同时兼顾农产品的产出收益及扩大规模所需追加的资金。金融资本是促进农业发展的重要补充。农业生产周期最短也要在半年左右，从开始投入到获得产出需要的时间较长，且在此期间内农户无法从生产中得到收入，还需要追加投资，这使得农户具有强烈的信贷需求。农户借贷是决定农业投资的一个重要影响因素，获得涉农贷款途径越是便利，农户前期投资越有保证，扩大农业生产规模的意愿就越强，验证了第一章的假设 H_5。2019 年中央一号文件允许农户对承包土地的经营权担保融资，以税收优惠形式向家庭农场等新型农业经营主体提供享有与小微企业同等的相关贷款税收减免政策，有助于农户实现生产方式转变和增收减贫目标，对农户从事土地经营产生正向影响。

土地规模对农户经营意愿在统计上产生显著负影响，这一反常现象源于土地流转制度的限制使农地效率的规模效应减弱，不能对农户土地经营产生效率增长。从农户主观意识来看，贫困地区大部分农户仍然是典型的"生存小农"，在自有资金不足并发生可预见性的借贷时，他们倾向于减少耕种面积，或是转出部分土地经营权解决问题，而不是筹措资金扩大经营规模；与小规模农户相比，大规模农户因其扩大规模所需追加的资金，给农户带来巨大的压力，一定程度上抑制了农户扩大土地经营规模的主观意愿。更为客观地分析，我国现有人均（或户均）土地规模均未达到产生农业规模经济的"门槛"。本书研究的大规模农户家庭 2017 年户均土地规模为 75.26 亩，比照美国的农场规模，美国小型家庭农场按照退休农场、非农事为主业农场等不同类别划分，其平均土地规模为 408—2562 亩，中、大型家庭农场平均土地规模分别为 5388 亩和 13200 亩，合伙制非家庭农场平均土地规模为 858 亩，只有大中型农场经营是盈利的。

从户主的基本特征来看，户主性别和年龄对土地经营意愿具有重要影响。表 5-2 显示，以选择流转出土地经营权为参照组，户主性别对继续从事土地经营意愿具有显著负向影响，即女性更愿意选择继续从事土地经营，同样比照美国农业普查结果，2012—2017 年男性生产者减少 1.7%，而女性生产者增加27%，表明作为家庭决策者，女性较倾向于风险规避，更注重长期财务规划。农业为劳动密集型产业，生产过程需要投入大量体力，户主年龄越大劳动能力越弱，其从事农业生产的可能性越小。户主年龄仅对继续土地经营决策具有显著正向影响，即年长户主更愿意保有土地经营权，继续从事土地耕种。

变量金融素养在表5-2中显示出对农户土地政策选择的显著正向影响。也就是说，农户的金融素养越高，农户对土地政策的期待越强烈。

非农就业机会不仅是影响土地是否流转的关键因素，更是扩大农户经营规模、提高农业用地经济租金并刺激农户投资的关键因素。表5-2显示，务工人数对农户土地经营意愿的影响显著为负，说明家庭从事非农业的成员越多，农户耕种土地的机会成本越大，其继续土地生产经营活动的可能性就越小。务工地点离农户所在村庄越远，则农户离农倾向越强，但这一影响表现为正向影响且统计上并不显著，意味着对于贫困村庄而言，如果没有充分的非农就业机会，土地产权和流转制度本身不能使农户家庭扩大耕种规模。

农业经营收益对农户选择转入土地、扩大生产规模具有显著正向影响，而对其他经营意愿的影响并不显著，恰好说明了农户不依赖农业的外部收入越少，农业便成为农户赖以生存的产业支持，农户希望通过扩大生产经营规模来提高生活水平的愿望也更加强烈，验证了第一章的假设H_4。

二、小规模农户、中等规模农户及大规模农户的土地经营意愿估计

核心解释变量系数的估计结果较为稳健，如表5-3所示。以土地经营权转出（Will=1）为基准，"家庭借贷"对农户参与入股土地经营权、保有土地经营权及转入土地经营权的影响效应均显著为正，而"经营规模"的影响效应显著为负，"农业经营收益"的影响效应显著为正。与"干旱区"相比，"山区"对农户参与入股分红与保有土地经营权意愿显著为负，"丘陵"对农户转入土地经营权显著为正，其余均不显著。

表 5-3 小农户、中农户及大农户的土地经营意愿估计结果

解释变量	（4） Will=2（入股分红）	（5） Will=3（保有经营权）	（6） Will=4（转入经营权）
规模分组（对照组：小规模）			
中等规模	-2.0651*** (0.5681)	-1.6706*** (0.5476)	-3.1085*** (0.6516)
大规模	-0.6098 (0.7131)	-0.7433 (0.7098)	-1.8740** (0.8081)
地形（对照组：干旱区）			
山区	-0.9850* (0.5446)	-1.1325** (0.5352)	-0.8279 (0.6102)
丘陵	0.1634 (0.5165)	-0.2284 (0.5094)	0.9549* (0.5637)
家庭借贷	0.0830** (0.0358)	0.1182*** (0.0371)	0.1460*** (0.0366)
农业经营收益	1.8103 (1.4834)	1.9305 (1.4658)	4.3381*** (1.5131)
经营规模	-0.0139*** (0.0031)	-0.0193*** (0.0031)	0.0125*** (0.0032)
其他变量	控制	控制	控制
常数项	3.5079*** (0.8852)	3.8289*** (0.8859)	0.7891 (0.9526)

注：*、**、***分别表示在10%、5%和1%水平上显著。括号内为对应的 t 统计值。

三、稳健性检验

为了检验本书回归分析的稳健性，本章另采用 Probit 模型对农户土地经营意愿选择进行同样估计，表 5-4 报告了本章涉及的核心解释变量的边际效应估计结果，发现多元 Probit 回归的估计结果在系数大小和置信水平方面均与前文所用的多元 Logit 回归无本质差别。

表 5-4 稳健性检验

解释变量	边际效应			
	Will=1 （转出经营权）	Will=2 （入股分红）	Will=3 （保有经营权）	Will=4 （转入经营权）
规模分组（对照组：小规模）				
中等规模	0.2131*** (0.0623)	-0.0804 (0.0526)	0.0463 (0.0591)	-0.1790*** (0.0340)

续表

解释变量	边际效应			
	Will=1 （转出经营权）	Will=2 （入股分红）	Will=3 （保有经营权）	Will=4 （转入经营权）
大规模	0.0871 (0.0638)	0.0550 (0.0771)	0.0123 (0.0728)	-0.1545*** (0.0458)
地形（对照组：干旱区）				
山区	0.0928** (0.0435)	-0.0208 (0.0563)	-0.0802 (0.0593)	0.0082 (0.0423)
丘陵	-0.0105 (0.0314)	0.0024 (0.0514)	-0.1334*** (0.0527)	0.1422*** (0.0415)
家庭借贷	-0.0067*** (0.0023)	0.0004 (0.0032)	-0.0055* (0.0032)	0.0118** (0.0024)
经营规模	0.0011*** (0.0002)	0.0001 (0.0003)	-0.0016*** (0.0003)	0.0003 (0.0002)
农业经营收益	-0.1670* (0.0950)	-0.1094 (0.0993)	-0.1007 (0.0992)	0.3771*** (0.0769)
其他变量	控制	控制	控制	控制

注：*、**、***分别表示在10%、5%和1%水平上显著。括号内为对应的 t 统计值。

同时，由于不同规模分组的农户变量存在异质性，本章对小规模农户进行了单独实证，家庭借贷、土地规模等变量对农户从事土地经营意愿选择的影响及其显著性水平均呈现出其稳健性。

综上，本章的主要估计结果是稳健的。

第四节 金融支持下农户土地经营选择的边际效应估计检验

基于表 5-3 中的估计结果，测算模型中各变量的平均边际效应，并进一步测算其平均弹性，结果如表 5-5 所示。

表 5-5 边际效应和平均弹性测算结果

解释变量	边际效应 Will=1（转出经营权）	边际效应 Will=2（入股分红）	边际效应 Will=3（保有经营权）	边际效应 Will=4（转入经营权）	平均弹性 Will=1（转出经营权）	平均弹性 Will=2（入股分红）	平均弹性 Will=3（继续经营）	平均弹性 Will=4（转入并经营）
规模分组（对照组：小规模）								
中等规模	0.2231***(0.0673)	-0.0826(0.0524)	0.0366(0.0584)	-0.1771***(0.0352)	0.2018***(0.0772)	-0.0794(0.0625)	0.0530(0.0715)	-0.1754***(0.0353)
大规模	0.0731(0.0670)	0.0610(0.0797)	0.0204(0.0738)	-0.1545***(0.0464)	0.0502(0.0515)	0.0786(0.0869)	0.0282(0.0847)	-0.1570***(0.0451)
地形（对照组：干旱区）								
山区	0.0932**(0.0455)	-0.0234(0.0569)	-0.0804(0.0590)	0.0106(0.0431)	0.0756**(0.0376)	-0.0113(0.0627)	-0.0806(0.0660)	0.0163(0.0433)
丘陵	-0.0117(0.0324)	0.0038(0.0523)	-0.1333***(0.0530)	0.1413***(0.0421)	-0.0065(0.0212)	0.0054(0.0571)	-0.1526***(0.0586)	0.1537***(0.0449)
家庭借贷	-0.0066***(0.0025)	0.0009(0.0032)	-0.0059*(0.0033)	0.0115***(0.0024)	-0.0047***(0.0018)	0.0004(0.0037)	-0.0080**(0.0038)	0.0123***(0.0027)
经营规模	0.0012***(0.0002)	0.0001(0.0003)	-0.0016***(0.0003)	0.0003(0.0002)	0.0009***(0.0002)	0.0004(0.0003)	-0.0017***(0.0004)	0.0005*(0.0002)
农业经营收益	-0.1790*(0.1067)	-0.1144(0.1032)	-0.0825(0.1005)	0.3758***(0.0779)	-0.1275*(0.0733)	-0.1507(0.1139)	-0.1241(0.1143)	0.4023***(0.0865)
其他变量	控制	控制	控制	控制	控制	控制	控制	控制

注：①边际效应、平均弹性下括号内的数字为以 Delta 方法计算的标准误；② *、**、*** 分别表示在 10%、5% 和 1% 水平上显著。括号内为对应的 t 统计值。

表 5-5 揭示出：

（1）随着土地规模的扩大，农户更倾向于首先选择转出土地经营权，其次为土地经营权入股（大规模农户）和保有经营权（中等规模农户）。在"中等规模"分组中，选择转出经营权的概率增加 22.31%，而选择土地经营权入股的概率减少 8.26%，选择保有经营权的概率增加 3.66%，选择转入经营权的概率减少 17.71%。在"大规模"分组中，农户选择转出土地经营权的概率变化相对较大，表现为增加 7.31%（减少了 15 个百分点）。此外，农户选择土地经营权入股的概率由减少 8.26% 转为增加 6.10%，而其他经营选择倾向不变，各种选择的概率变化程度均与中等规模农户相同。经营规模增加引起农户土地经营权转出意愿的增强，其可能原因在于：尽管目前规模较大农户已拥有一定规模土地，因耕种土地需要有一定数量的劳动力在家留驻，比较收益仍低于劳动力进城务工收入，直接造成从事耕种的劳动力规模受到压缩，促使农户转出土地经营权。而土地规模较小农户的土地生产仅需投入老弱家庭成员的"冗余"劳动力即可，不影响家庭主要劳动力外出务工，因此倾向于选择继续从事土地耕种，验证了本书第一章的假设 H_6。

（2）家庭借贷变化的平均弹性相对较小。农户选择转出土地经营权、土地经营权入股、保有经营权以及转入土地经营权的平均弹性依次为 -0.47%、0.04%、-0.80% 和 1.23%。结合表 5-3 的结果，即家庭借贷对农户土地经营权入股、保有土地经营权以及转入经营权的影响效应均显著为正，但其变化的平均弹性相对较小，可能原因在于：在农业信贷刺激下农户多选择转出、转入土地经营权或参与土地入股，表明农贷介入能够促进当下"三权分置"改革背景下的土地产权交易，但家庭借贷对不同土地经营方式选择产生的效应变化相对较小。另外，经比较发现随着家庭借贷获得增多，农户转入土地经营权的平均弹性相对较大（1.23%），即其对转入土地经营权方式的需求影响程度最大。

（3）农户经营意愿具有地形差异。即农户所在地区因地形不同，选择土地经营意愿的边际效应具有明显差异。这种差异很大程度上是由区域的经济发展水平、产业状况、土地流转市场的发育程度的不同所决定的。与"干旱地区"相比，"山区"农户更倾向于选择转出经营权，表现为选择转出土地经营权的边际效应增加 9.32%；而"丘陵地区"农户更倾向于选择转入经营权，表现为选择转入土地经营权的边际效应增加 14.13%。对于这一现象的可能原因在于：山地海拔较高，地表起伏较大，耕地相对零散，土地流转的交易成本较高[1]，当地农户继续从事土地耕种的可能性较低；而丘陵地区地表起伏较小，且多为缓坡，可以因地制宜地开展土地耕种，据青海乐都县调研结果计算可知，当地农户平均每亩种植收益为 1670.26 元，高于其他三个地区，较好的

---

[1] 据 2018 年商南调研发现，当地土地转出租金约为每亩 600 元。

土地收益驱使当地农户选择扩大土地经营规模。

（4）经营收益对农户土地经营选择意愿的影响最为敏感。计算得出的平均弹性结果表明，在所有解释变量中，农户土地经营收益的平均弹性相对最大，同时，相较于"未获得农业经营收入"的农户，"获得农业经营收入"的农户更倾向于选择转入土地经营权，前者对农户土地经营意愿影响的边际效应比后者高37.58%。通常认为，在效益驱使下农户总是倾向于选择收益率相对高的经营生产活动，或是因收益率高低选择是否从事农地生产。

本章小结

以陕西、甘肃、宁夏及青海四省（区）952户农户调查数据为依托，实证分析家庭借贷、经营规模对农户土地经营意愿的影响，并基于农户的分化视角进一步探索土地经营行为选择问题。结果显示：

第一，农户的土地经营行为具有有限理性。实证结果表明，家庭借贷获得是刺激农户经营需求的重要诱引，农户继续从事或是扩大土地经营意愿的效用随借贷获得水平的扩大而逐渐提高。最简单的农户意愿表达分析，若在农贷作为外部刺激下，农户若选择转出、转入及土地入股的多，则表明农贷促成"三权分置"改革下的土地交易，有益于土地经营规模适度集中从而提高土地经济效率，也间接反映金融效率。

第二，由不同规模分组可知，农户更愿意选择转出土地经营权，其次为入股分红（中等规模农户）和保有土地经营权（大规模农户）。在"中等规模"分组中，选择转出经营权的概率增加22.31%，而选择入股分红的概率减少8.26%，选择保有经营权的概率增加3.66%，选择转入经营权的概率减少17.71%。在"大规模"分组中，农户选择转出土地经营权的概率变化相对较大，表现为增加7.31%（较"中等规模"分组减少了15个百分点）。此外，农户选择入股分红的概率由减少8.26%转为增加6.10%，农户的其他经营选择倾向不变，各种选择的概率变化程度也均与中规模分组相同。

第三，经营收益对农户土地经营意愿产生的正向影响最为显著。一定程度上表明，经营收益的稳定增长及农业经济制度的不断完善是农户有效且适度规范土地经营发展的基础性支撑。相较于"未获得农业经营收入"的农户，"获得农业经营收入"的农户更倾向于选择转入土地经营权，前者对农户土地经营意愿影响的边际效应比后者高出 37.58%，而土地面积的平均弹性较小。

第 六 章

金融要素是否影响农户的土地政策期望评价

本章聚焦于贫困地区农户对土地政策的期望选择,以陕西、甘肃、宁夏及青海四省(区)农户调查数据为依据,构建农户土地政策选择效用模型,实证分析了金融环境、金融素养对贫困农户土地政策期望的影响。研究发现:作为土地经营的行为主体,农户受到自身资本积累、外部金融环境与自身金融素养等约束,具有有限的在非确定性环境中追求自身利益最大化的判断和决策能力。金融环境与金融素养均为农户进行差异化土地政策选择的重要机理因素。在良好的金融环境与金融素养刺激下现有农户多选择转出、转入土地经营权或参与土地入股,表明两者的介入能够促进当下"三权分置"改革背景下的土地产权交易,有益于土地经营规模适度集中,表明政府与金融部门在优化生产要素组合、创新农地经营方式从而提高土地效率方面可以发挥核心作用。鉴于此,提出以良性发展的金融环境构建、金融知识的普及,以及差别化信贷管理模式的实施等措施切入对此问题的研究,有助于增进土地经营绩效,激活农户土地生产内在活力和发展多种形式规模经营目标的顺利实现。通过本章对农户土地政策期望选择的深入解构,可以潜在地认为,农村金融外部环境及农户内在金融素养,不仅表现为对土地政策的期望评价的直接影响,更是暗含了农户对土地经营行为的潜在选择意愿。

《中共中央 国务院关于坚持农业农村优先发展做好"三农"工作的若干意见》提出"全面深化农村改革,激发乡村发展活力",具体而言,"落实集体所有权、稳定农户承包权、放活土地经营权"的农村土地制度改革为农户从事农业生产活动带来了新"红利"。土地作为农户赖以生存和发展的物质基础，对农户能够起到基本的社会保障功能，有一定的减贫作用（毕宝德，2001）。相对土地产权不稳定带来的风险而言，土地制度对贫困农户生产投资决策的作用更为重要。中国农户土地经营规模过小、劳动力相对过剩且成本较低，对有限的土地进行土地投资和机械投资不大可能增加多少收益，并且大多数与土地相关的投资因农户土地规模小而表现出公共产品的特征或强烈的外部性，贫困农户作为特殊群体，受教育程度偏低，金融知识薄弱，缺少生产经营的能力以及对风险的认识、态度等，因而贫困农户参与土地生产经营的积极性不高。那么，土地政策究竟应该如何有效适应贫困地区农户的生产经营活动需要？贫困农户对土地政策的期望评价如何测量？金融要素是如何通过内在（农户自身金融素养）及外部（金融环境）的视域下影响农户对土地政策的期望评价的？本章试图通过贫困农户对土地政策的期望选择视角回答上述问题。

第一节 数据来源与变量选取

一、数据来源

为了了解贫困地区农户金融环境、金融素养及土地政策期待评价，我们对农户进行了抽样调查。数据来源于陕西师范大学"后贫困农村经济金融田野调查"课题组 2018 年开展的实地农户调查。采用分层抽样和随机抽样的方法进行采样。随机选取 2 个村庄，再在每个村庄随机选取 30 户以上农户进行问卷调查和访谈。所有调研数据均采用面对面访谈的形式获得。剔除调查中部分异常及不合理的数据，最终获得有效农户样本 952 户。调查内容包括农户家庭基本特征、金融资本、金融服务及政策扶持等方面。

二、变量选取

（一）被解释变量

土地政策期望评价。在当前不少农村地区，土地普遍无法突破封闭凝滞的局面：一方面，有些农户即使抛荒也不放弃承包权，有些想放弃承包权却找不到租户；另一方面，有些善于种地、想多种地的农户又无法承包到更多的土地。而且还有很多农户被迫转让土地承包经营权，没有在土地经营权有偿转让上享有自由权。故可以将农户对土地政策的评价界定为：在遵守土地政策的前提下，农户根据自己需要和土地市场情况，希望继续保有土地经营权或转出土地经营权的一种主观评价。

本章从三个维度（问卷中的问题为"您期待国家出台哪种土地政策？"，其可选择项分别为"土地经营权保有政策""土地经营权流转政策""土地经营权入股政策"）对农户的土地政策期望评价进行考察。

表6-1显示，样本中选择土地保有政策的农户为355户，占比最高（比例为37.29%），选择土地流转政策与土地经营权入股政策的农户占比超过六成（比例分别为32.66%和30.04%），这说明当前农户的土地流动意愿整体上较为强烈，而表示愿意承包别人土地继续农地经营的农户更是超过土地流转政策选择的七成（71.06%）。特别地，土地在10亩以下的小规模农户更期待土地流转政策，拥有中等规模土地的农户倾向于选择土地保有政策，而土地规模在50亩以上的大规模农户较为期待土地经营权入股政策。这一结果说明，仍有大量农户希望实现土地经营权变动，但多为土地经营权的流入与土地经营权入股。土地是农户赖以生存的根本保障，有20%的小规模农户希望通过土地经营权转入扩大土地生产经营规模，使家庭有赖以维系生存的基本保障，并且在有土地流转意愿的农户中，具有流入意愿的农户比例要明显高于具有土地流出意愿的农户；有一定规模土地（10—50亩的中等规模）的农户仍希望保有土地经营权（比例为7.35%），继续从事农业生产活动；土地面积在50亩以上的农户在土地政策上选择土地经营权入股政策的意愿更强烈些。

表6-1 不同土地规模下的农户土地政策选择差异

单位：户（%）

	土地保有选择户	土地流转选择户		土地经营权入股选择户
		经营权流入	经营权流出	
小规模（0—10亩，不含10亩）	249（26.16%）	192（20.17%）	72（7.56%）	218（23.90%）

续表

	土地保有选择户	土地流转选择户 经营权流入	土地流转选择户 经营权流出	土地经营权入股选择户
中等规模（10—50亩，含10亩）	70（7.35%）	16（1.68%）	11（1.15%）	36（3.78%）
大规模（50亩以上，含50亩）	36（3.78%）	13（1.37%）	7（0.74%）	32（3.36%）
小计	355（37.29%）	221（23.21%）	90（9.45%）	286（30.04%）

（二）核心解释变量

金融环境。众所周知，持续的资金投入是促进土地生产机会转变为土地规模经营实施的重要前提，而良好的金融环境是农户从事农业生产和农村领域经营生产实现"经营型"农户可持续发展的重要保障。本章认为，农村金融环境是指农村地区在一定的金融体制和制度下影响农户经营生产活动的各种金融要素的集合。本章以农户土地经营模式转型过程为基础，构建了金融环境测量表，包括金融体系、融资渠道、信贷方式、资金补贴等。具体测算过程见本章第三节。

金融素养。金融素养是一种包含金融知识与技能应用的能力。学者们普遍认为，金融素养是个人最大化其长期利益，为实现金融福利所作出的合理金融决策的能力，并指出金融素养较高的家庭投资更有效率［坎贝尔（Campbell），2006］。因而，金融素养的高低决定了农户作出何种土地金融决策，以获得最优土地收益。具体测算过程见本章第三节。

（三）控制变量

土地政策期望选择是农户的动态心理活动，受多种因素的制约和影响，这些因素就成为本章研究所要选择的控制变量。本章从以下3个方面选取控制变量：（1）户主个人特征方面，本章选取了户主的年龄和性别2个变量；（2）家庭特征方面，本章选取了家庭务工人数、务工地点、土地规模、生产性投资4个变量；（3）家庭资本状况方面，本章选取借贷规模及农业经营收益控制家庭资本对农户土地经营政策选择的影响。

变量的含义、赋值说明及其描述性统计见表6-2。

表6-2 控制变量的选择及设定

指标类型	变量	变量测算及占比	均值	标准差
户主特征	性别	0=女（12.82%），1=男（87.18%）	0.88	0.33
户主特征	年龄	年龄=问卷调查年份-户主出生年份 30岁以下（3.26%），30—39岁（11.55%），40—49岁（27.84%），50—59岁（30.78%），60岁及以上（26.58%）	51.47	12.48
家庭特征	务工人数	家庭外出务工成员数	1.36	0.89
家庭特征	务工地点	1=本乡镇（24.58%），2=本县其他乡镇（22.16%），3=本省其他县市（18.38%），4=其他省份（12.08%）	2.08	1.28
家庭特征	土地规模	家庭拥有土地面积总和（亩） 0—10亩（77.21%），10—50亩（15.02%），50亩以上（7.77%）	10.70	20.04
家庭特征	家庭借贷	以借贷规模来表征，选取农户家庭获农贷金额的对数	3.18	4.89
家庭特征	生产性投资	种肥、农机、雇佣劳动力等农业生产性支出（元）	3502.81	17384.81
家庭特征	农业经营收益	农户农业经营收入占家庭收入的比重	0.18	0.20

调查数据表明，样本家庭户主平均年龄为51.47岁，且户主一般为男性。农户家庭的生产活动向非农领域转变，平均每户家庭外出务工人数达1.36人，务工地点也不再受限于离家较近的地点，较多农户选择本省其他县市，甚至外省作为务工地点。广大农村地区临时性、零散性的土地规模非常普遍，土地面积10亩以下的小规模农户占比高达77.21%，而规模性、投资性的土地集中非常少见，50亩以上的大规模土地仅有7.77%的农户家庭拥有，总体来看，农户家庭平均土地拥有面积仅为10.70亩。生产性投资反映了农户家庭的农业生产能力，生产性投资越大，则更容易形成规模经营，降低平均成本并获得更高的收益。平均一户家庭用于种肥、农机、雇佣劳动力等农业生产上的投资为3502.81元，但其农业经营收益占家庭收入比重仍然较低（18%），意味着更

多的农户由农业生产活动逐渐向非农生产活动转移。

第二节 基于农户土地政策选择的效用模型构建

在现有土地政策框架下，农户对土地政策的期望实质上是农户对土地经营方式的选择。根据调查问卷设计，农户面临三种土地经营方式的选择，即农户继续维持原有土地经营权及其经营方式不变（以下简称"土地保有政策"）、土地经营权流转及土地入股分红。从"理性人"经济假设出发，农户土地政策的选择，本质上是依据非农生产的预期收益与闲置土地收益（如土地租金）之和与自己耕种土地所获得的收益的比较，对其未来家庭生产经营方式作出的决策。

一、农户土地政策选择的效用方程

根据贝塞里尔和阿卜杜拉伊（Becerril and Abdulai, 2010）、阿里和阿卜杜拉伊（Ali and Adbulai, 2010）给出的随机效用选择模型，农户选择某种土地政策的效用（U_1）和不选择该种土地政策的效用（U_0）之差用 ΔU 表示[①]，若 $\Delta U = U_1 - U_0 > 0$，则农户对某一土地政策进行选择。尽管效用差 ΔU 是不可观测的，但可用其他观测变量的函数表示出来。定义农户的土地政策期望方程为：

$$\Delta U = f(x) + \mu, \quad Y = \begin{cases} 1 & \Delta U > 0 \\ 0 & \Delta U \leq 0 \end{cases} \qquad (6-1)$$

其中，Y 为衡量农户是否选择某一项土地政策的变量，显然地，选择某种土地政策带来的效用差 ΔU 直接决定了农户的选择。$f(x)$ 为影响农户行为选择的函数，x 是影响农户土地政策选择的外生因素集，μ 为随机扰动项。

---

① 为叙述方便，这里将三种土地政策方案（包含保有土地经营权、流转土地经营权和参与土地分红的选择）之间在变量角度上互为独立、互斥关系，选择一种土地政策，意味着不再选择其他土地政策。

二、农户土地政策选择的收益方程

在效用最大化条件下,农户土地实际经营规模 M 与其土地拥有量 M' 一致时,农户对土地政策进行选择。对于一个给定的时间段,假设农户可以用于劳动的总时间为 T_0,耕作单位农地劳动时间为 t',农户土地实际经营规模为 M,则耕作农地时间为 $t'M$。当 $T_0 > t'M$ 时,农户用于非农就业渠道的劳动时间为 $T_0 - t'M$;当 $T_0 < t'M$ 时,农户雇佣其他劳动力的时间投入量为 $t'M - T_0$。假设单位农地转让价格为 r,当地农户外出务工的单位时间平均工资为 w,则该非农生产的预期收益、闲置土地收益(如土地租金)或承包土地所得收益之和为:

$$Rf = r(M' - M) + w(T_0 - t'M) \tag{6-2}$$

农户土地经营收入取决于纳入现有农业生产技术的生产函数,可通过构建一个包含金融部门的经济增长模型进行测算(Levine,1997):

$$Q = A \times f(x, b) \tag{6-3}$$

其中,Q 为农户土地经营收入函数,A 为由技术决定的农业生产效率,将生产函数设定为希克斯中性,假定农户土地经营收入受农户金融资源配置的影响,因此设 A 是一个多元组合,即:

$$A(F, control) = A_0 \times F^{\alpha_1} \times control^{\alpha_2} \tag{6-4}$$

其中,A_0 表示影响农户土地经营收入的其他因素,F 为农户金融要素的集合(包含外部金融环境与自身金融素养),$control$ 为控制变量,α_1 和 α_2 为参数。

将式(6-4)代入式(6-3)中,可以得到:

$$Q = A_0 \times f(L, K) F^{\alpha_1} \times control^{\alpha_2} \tag{6-5}$$

进一步简化:

$$Q = AK^{\alpha}L^{\beta}M^{\gamma}F^{\alpha_1} \tag{6-6}$$

其中,K、L、M 分别为生产资本、劳动力投入量、农地经营规模,α、β、γ 分别为生产资本投入、劳动投入量和农地经营规模的生产函数弹性系数。假设单位农地投入的生产性资金为 k,而劳动力投入量 L 以单位农地耕作时间 t' 表示,则该农户土地经营收入函数可转化为:

$$R_Q = Ak^\alpha t'^\beta M^\gamma F^{\alpha_1} \tag{6-7}$$

由式（6-2）和式（6-6）可知，在考虑农户土地经营成本 kM 的情况下，该农户的总收入为：

$$RT = Rf + RQ - kM \tag{6-8}$$

因此，该农户的农地承包经营权流转意愿（包含土地经营权入股意愿）可以表述为选择农地经营规模、单位农地生产性资金和单位农地劳动时间以最大化自己的总效用 U，即：

$$\max U = r(M' - M) + w(T_0 - t'M) + Ak^\alpha t'^\beta M^\gamma F^{\alpha_1} - kM \tag{6-9}$$

若 $\max U > 0$，意味着流转土地经营权带给农户的收益高于农户家庭参与土地生产经营所带来的收益，农户选择土地经营权流转、土地经营权入股政策的意愿更为强烈，当 $\max U \leq 0$ 时，农户更倾向于选择继续保有土地经营权政策。

三、农户土地政策期望评价模型

运用多元 Logit 模型考察金融环境、金融素养对农户土地政策期望的影响。选取农户土地政策选择为因变量，即土地经营权保有、土地经营权流转及土地经营权入股。对农户选择土地政策第 j 种类型的概率为：

$$p(y_i = j) = \frac{e^{x\beta_j}}{\sum_{j=1}^{3} e^{x\beta_j}} \tag{6-10}$$

其中，y_i 代表农户选择第 j 种土地政策；x_i 代表影响农户选择土地政策类型的因素，包括户主特征、家庭特征、技术政策环境等变量；β_j 是待估计参数。

本章选择第一种土地政策类型作为对照组，即土地经营权保有政策；将其他两种政策与其进行对比，从而建立 $n-1$ 个（n 为土地政策选择的类型）Logit 模型。假设选择土地经营权流转、土地经营权入股和土地经营权保有政策的概率分别为 p_1、p_2 和 p_3，对于 m 个自变量拟合两个模型如下：

$$logit\left(\frac{p_i}{p3}\right) = \alpha_i + \beta_{i1}x_1 + \cdots + \beta_{im}x_m, \quad i = 1, 2 \tag{6-11}$$

第三节 金融要素：金融环境与金融素养的测度

一、金融环境的测度

对贫困地区农户这一特殊群体而言，他们在生产经营过程中更需要充足的资金来整合和运作土地所需的资源，而融资渠道单一、金融体系不完善等是目前农户土地经营模式转型过程中所面临的严峻考验。由表6-3可知，贫困地区农户金融环境整体较好，但农户的贷款可得性水平较低。

表6-3 金融环境的指标选择与测量

测量项目	测量方式	均值	标准差
本地有多种可供选择的融资渠道	0=无合适渠道，1=1—2种渠道，2=3种及以上渠道	1.1161	0.6084
本地获得政府提供的农业补贴	0=未获得，1=获得	0.6469	0.4781
本地可获得信贷或担保	0=信贷不可得，1=信贷可得	0.3919	0.4884
本地可为农户创业提供充足的投资支持	0=缺乏资金支持，1=可争取农村商业银行贷款	0.6218	0.4852

二、金融素养的测度

国家发展水平不同，居民金融素养所包含的内容可能会有所差异［徐和齐亚（Xu，Zia），2012］。中国与其他国家的发展阶段不同。结合中国农村金融与农村居民的实际特点，从居民金融知识理解和应用方面，选择个人风险回报认识、个人投资用途选择以及个人土地抵押贷款决策3个指标测量农户金融素养指标（见表6-4）。本章沿用卡萨尔迪等（Lusardi，et al.，2008）在测量金融素养水平时的处理方法，区别对待回答错误与回答"不知道"，即认为回答"不知道"的农村居民比回答错误的农村居民更缺乏金融素养。本章用于测度农村居民金融素养水平的指标共3个，根据选项内容分别赋值。详细的测量选项、方式及得分见表6-4。在金融素养的测评方法上，大多数研究都通过设置几个问题（选择或判断），根据问题的回答情况赋值，然后将得分直接加总（Lusardi，et al.，2010；王宇熹和范洁，2015）。本章对测评农村居民金融素养水平的各项指标得分进行加总，得到每个农村居民的金融素养水平综合得分。由表6-4可知，贫困地区农户金融素养普遍较低，其关键在于农户对风险回报的认识以及土地抵押贷款的认知较为薄弱。

表 6-4 金融素养的指标选择与测量

测量项目	测量方式	均值	标准差
个人风险回报认识	0＝担心风险放弃投资，1＝认识风险继续投资	0.2122	0.4091
个人投资用途选择	0＝不投资，1＝非农，2＝农业	0.8382	0.79634
个人土地抵押贷款决策	0＝不考虑以土地为抵押贷款，1＝考虑土地抵押贷款	0.3046	0.4605

第四节　金融要素影响农户土地政策期望评价的实证分析

一、金融要素对农户土地政策期望评价的影响

在通过回归的方法分析农户土地政策选择的差异分析基础上，这里以选择继续保有土地经营权政策作为对照组，与土地经营权流转、土地经营权入股两种政策进行对比。

表 6-5 金融素养、金融环境对农户土地政策选择影响的多元 Logit 回归结果

变量	土地经营权流转选择	土地经营权入股选择	土地经营权流转选择	土地经营权入股选择
	（1）	（2）	（3）	（4）
金融环境	1.1388*** (0.1107)	0.1300 (0.990)	1.257*** (0.1279)	0.2325* (0.1113)
金融素养	0.3910*** (0.1017)	－0.0464 (0.0946)	0.6894* (0.3753)	0.7789* (0.4069)

续表

变量	土地经营权流转选择 （1）	土地经营权入股选择 （2）	土地经营权流转选择 （3）	土地经营权入股选择 （4）
性别			-0.8964*** (0.2717)	-0.5540** (0.2722)
年龄			0.0191** (0.0075)	0.0163** (0.0068)
务工人数			-0.2850 (0.3636)	-0.8182** (0.4006)
务工地点			-0.1306 (0.0880)	-0.1457* (0.0799)
土地规模			0.1862*** (0.3753)	0.0891* (0.0447)
生产性投资			-0.1249*** (0.0297)	-0.0766*** (0.0276)
农业经营收益			0.7461* (0.5153)	-0.3891 (0.5036)
家庭借贷			-0.0018 (0.0184)	0.0042** (0.0181)
常数项	-3.9724*** (0.3547)	-0.4874* (0.2784)	-4.3506*** (0.5895)	-0.6794 (0.5281)
Pseudo-R^2	0.0920	0.0920	0.1236	0.1236
LR 统计量	191.25***	191.25***	257.64***	257.64***
样本容量	952	952	952	952

注：*、**、*** 分别表示在 10%、5% 和 1% 水平上显著。括号内为对应的 t 统计值。

表 6-5 报告了金融素养、金融环境对农户土地政策选择影响的多元 Logit 回归结果。依据逐步回归的思想，在列（1）、（2）中控制农户金融素养和金融环境变量，即仅考虑核心解释变量的政策选择效应回归结果，在列（3）、（4）中同时纳入控制变量。整体来看，农户金融素养与金融环境变量的回归结果对农户土地政策的选择均显著且表现为正向影响。在加入控制变量的条件下，回归的拟合度较高，表明模型设置较为有效，能够对农户土地政策选择作出一定合理解释。列（1）、（2）的 R^2 值为 0.0920，说明核心变量解释模型信

息的能力为9.20%；列（3）、（4）的R^2值为0.1236，说明自变量解释模型信息的能力达到了12.36%，相较列（1）、（2）提高了3.16个百分点，即加入控制变量后，模型的解释能力增强了，且控制变量系数的影响也较为稳定。具体分析如下：

金融环境变量对农户土地政策的选择均通过1%统计水平的显著检验且其系数为正。相较继续保有土地经营权政策，农村金融环境越好，农户表现出对土地经营权流转和土地经营权入股政策的期望越强。农业生产具有长周期、低收益和高风险特征，并受到诸多不可控因素影响，因此，发展农业需要得到国家和社会的扶持。良好的金融环境对促进农户从事农业生产具有重要推动作用。2004年以来，我国政府不断加大对"三农"的支持力度，在各地区陆续实施多种农业补贴政策，有效降低了农业生产成本，增加了农户收益。金融环境对农户土地政策选择正向影响的原因可能是，农户所受金融环境支持力度越强，扩大农业生产经营规模时可选择的融资渠道越多，信贷可获性越强，资金约束越小，农户从事土地生产经营的热情越能得到激发，从而其对土地生产经营意愿越强。

金融素养变量在表6-5中显示出农户对土地经营权流转与入股政策均呈现显著正向影响。也就是说，农户的金融素养越高，农户对土地流转与土地入股政策的期待越强烈，且农户对后者的期望要高于前者。其可能原因在于：土地经营权作为一种特殊的生产要素，农户在选择参与土地入股之前需考量，土地入股在何条件下适宜，如何进行利益分配，如何量化作价，以及如何防范土地入股的风险等问题，这势必对农户的金融素养提出更高要求。因而体现为金融素养越高，金融知识掌握越多的农户，对土地入股政策的认识与期望也会更高。可以说，金融素养体现了个人对金融知识的掌握、应用等多方面能力以及对风险的意识、态度等，具有较高金融素养的农户能够合理地分析自身或他人在融资过程中的利弊关系，理性进行资金规划，提高土地生产融资积极性，并选择正规金融机构来平衡投资与风险的关系。

家庭借贷变量对农户选择土地经营权入股政策产生显著正效应，而对农户选择土地流转政策并不存在显著的相关关系。其原因可能在于：当农户希望扩大土地生产规模时，首先要考虑两方面问题：一是农产品的收益；二是扩大生产规模所需要的资金来源。一般来说，农业生产周期最短也要在半年左右，从开始投入到获得产出需要的时间较长，且在此期间内农户无法从生产中得到收入，不仅如此，农户在生产期间还需不断追加投资，以获得农产品。这使得农户具有强烈的信贷需求。2014年《关于深化农村改革加快推进农业现代化的意见》赋予农户对承包地承包经营权抵押、担保权能，以贴息小额信贷形式向种植大户和贫困家庭提供政策性金融补贴，有助于农户实现生产方式转变和增收减贫目标。此外，土地流转中包含转入、转出土地经营权，两类不同土地经营行为分别与农户借贷产生不同的相关关系，某种程度上也可能导致统计上计量结果的不显著。

从控制变量来看，户主作为农业生产决策的执行者，其性别和年龄对土地生产方式选择具有重要影响。其中，户主性别对土地流转和土地经营权入股政策的选择意愿分别产生 -0.8964 和 -0.5540 的显著负向影响，这一结果表明，相较于男性户主，女性户主更愿意选择土地流转与经营权入股政策，意味着女性较倾向于风险规避，更注重长期财务规划，过度自信现象不若男性，但绩效表现上较男性有更佳的生产经营行为特点；不同于户主性别变量，户主年龄对土地经营权流转和经营权入股政策决策产生显著正向影响，具体表现为农业是劳动密集型产业，生产过程需要投入大量体力，户主年龄越大则劳动能力越弱，其从事农业生产的可能性越小，更愿意流转土地经营权，或是参与土地入股的经营生产；家庭务工人数与务工地点对农户选择土地入股分红政策的显著效应为负，意味着家庭成员务工人数越多，务工地点越远的农户耕种土地的机会成本也越大，继续土地生产经营活动的可能性就越小；家庭农业经营收益对农户选择土地流转政策具有显著正向影响，而对选择土地入股分红政策的效果并不显著，恰好说明土地经营权入股政策的选择与家庭农业收入比重在统计上不存在相关关系；土地规模越大的家庭，更倾向于通过增加土地规模形成规模经营，降低平均成本并获得更高的收益，农户选择土地经营权流入与经营权入股政策的可能性相对较大。

二、农户土地经营权流转政策选择的差异分析

实际上，土地流转政策包含两种选择，即土地经营权转入与转出。为准确分析农户土地流转政策选择，将选择问卷中土地经营权流转政策的农户进一步分为土地经营权转入与土地经营权转出农户。① 列（5）和列（6）、列（7）和列（8）分别为土地经营权转入、转出政策的选择模型，如表6-6所示。

表6-6 农户土地流转政策选择的 Logit 回归模型

变量	土地经营权转入选择		土地经营权转出选择	
	（5）	（6）	（7）	（8）
金融环境	0.8281*** (0.1214)	0.8858*** (0.1253)	0.8331*** (0.1428)	0.8716** (0.1406)
金融素养	0.7749* (0.3830)	0.8162** (0.3929)	−0.4727 (0.4301)	−0.6146 (0.4240)
性别	−0.8301*** (0.2322)	−0.8013*** (0.2399)	0.3450 (0.3352)	0.1047 (0.3287)
年龄	0.0020 (0.0075)	0.0022 (0.0075)	0.0194* (0.0094)	0.0282*** (0.0092)
务工人数	−0.2973 (0.3705)	−0.3085 (0.3855)	0.5218* (0.4186)	0.6740* (0.4024)
务工地点	−0.0396 (0.0901)	−0.0297 (0.0932)	−0.0970 (0.1158)	−0.1018 (0.1118)
土地规模	0.0180 (0.0498)		0.2171*** (0.0635)	
规模分组（对照组：0—10亩 小规模）				
10—50亩（中等规模）		−2.1230*** (0.3557)		0.8248** (0.3900)

---

① 本书"土地经营权转入"与"土地经营权转出"政策选择的划分依据为，调查问卷"您期待国家出台哪项土地政策"一题选择"土地流转政策"农户中，在"今后对土地经营的打算是什么"的回答上，选择"继续经营土地"或"继续经营土地并转包他人土地"的为土地经营权转入选择户，选择"自家土地部分转包出去"或"自家土地全部转包出去"的为土地经营权转出选择户。

续表

变量	土地经营权转入选择		土地经营权转出选择	
	(5)	(6)	(7)	(8)
50亩以上（大规模）		-1.7788*** (0.4177)		0.5897 (0.5552)
生产性投资	0.0531* (0.0294)	0.1221*** (0.0308)	-0.2126*** (0.0407)	-0.2060*** (0.0416)
农业经营收益	1.2030** (0.4851)	1.9902*** (0.5272)	-1.4482 (1.1994)	-1.9196 (1.2945)
家庭借贷	0.0372* (0.0172)	0.0470*** (0.0180)	-0.0820*** (0.0269)	-0.0897*** (0.0268)
常数项	-4.4081** (0.5638)	-4.7194*** (0.5898)	-5.4036*** (0.7394)	-5.1548*** (0.7297)
Pseudo-R^2	0.1474	0.2073	0.1965	0.1847
LR统计量	143.86	1202.33	135.49	127.39
样本容量	952	952	952	952

注：*、**、***分别表示在10%、5%和1%水平上显著。括号内为对应的 t 统计值。

首先关注的是性别这个变量，其对土地流出意愿的影响正向显著（其效应值为0.3450），说明男性的土地流出意愿要强于女性。因为农村女性获得土地产出之外的经济收入的可能性较小，土地对女性的重要性和保障力明显强于男性。而且农村男性外出务工比较普遍，这也有可能导致女性的土地情结会重于男性。

家庭务工数这一变量的作用非常显著（sig. <0.01），从幂值来看，家庭务工数越多，农户选择土地经营权转入的意愿越强，选择土地经营权转出的意愿越弱，这点符合前文"务工数的多寡意味着农户家庭从事非农生产程度"的判断；务工地点变量对农户选择土地转入或转出政策的相关关系均不显著。

金融环境对土地经营权转入与转出政策选择意愿的影响在总体农户及分规模的农户中通过显著性检验且系数为正。政府通过融资渠道、农业补贴、信贷可得性及充足的投资支持等路径为农户土地生产营造良好的金融环境。其中，信贷的可获得意味着农户对贷款程序、贷款利率、贷款期限等更加熟悉，成功的贷款经历以及之前贷款投资带来的收益对他们选择土地政策意愿产生积极影响。政府对农户的农业补贴体现了国家对农业生产的支持力度，农业补贴不仅可以降低农户的农业生产成本，增大收益，接受农业支持程度高的农户也更能够理解国家出台该政策的意义和作用，同时对具体的操作程序也更为熟悉。金融环境的改善与良性发展一定程度上决定了农户是否继续从事土地经营活动，及其对土地政策的期望。

金融素养在表6-6中显示出对农户土地转入政策选择的显著正向影响，而对农户土地转出政策选择产生显著的负向影响。可能的原因在于：具备丰富的金融知识、参与金融培训、具有良好的风险态度、会制定合理的金融规划，这些都能促进农户积极选择正规金融机构进行农业生产融资，对转入土地经营权，扩大土地生产规模呈现一定积极效应。此外，农户对自身金融素养的判断也相当重要，农户对自身金融参与能力的判断一定程度上是基于农户过往的投资、理财、借贷等经验，对自身金融素养评价较高的农户更愿意进行土地生产经营融资，参与土地生产经营活动。

由于土地规模变量在列（5）中并不显著，其原因可能是无论家庭拥有土地规模的大小（或是没有土地）均存在选择土地经营权转入政策的可能。因此，本书将家庭土地按其规模大小（面积）分为小规模（0—10亩）、中等规模（10—50亩）及大规模（50亩以上），并以小规模为基准，分析不同土地规模下金融素养、金融环境对农户土地流转政策选择的差异。表6-6中列（6）、列（8）显示，土地面积小于10亩的小规模农户选择土地经营权转入政策的可能性更大，而土地面积10—50亩的中等规模农户选择土地经营权转出政策的可能性更大。其可能原因在于：小规模农户一般兼业经营，对于土地经营收益低的农户来说，非农业收入是其主要收入来源，也是其投资发展的主要方面，而且往往非农发展资金需求量大，对农地抵押融资需求强。对土地面积在10—50亩的中等规模农户来说，由于土地经营的比较收益偏低，土地闲置现象频发，造成中等规模土地农户既有纯农户也有兼业户，其土地经营收益与选择土地经营权转出政策意愿呈现出的相关关系并不显著，它在一定程度上可以反映出农户对土地收益的不满和希望改变依赖种地的状况。此类农户虽然兼业，但农业仍是其主要经营产业和收入来源，其农业生产投入产生的资金需求,同样对土地经营权转出选择意愿产生显著负向影响。

三、稳健性检验

为了检验本书计量结果的稳健性,本章以金融环境、金融素养影响农户土地政策期望评价为例,另采用 Probit 模型进行同样的回归(与表 6-5 构建的分析模型一致)。在列(9)、列(10)中仅考虑核心变量(即农户金融素养和金融环境。表 6-7 报告了两种情形下核心解释变量的政策选择效应回归结果。① 笔者发现 Probit 回归的主要结果在系数大小和置信水平上与 Logit 回归没有实质差异。笔者认为,本章的主要实证结果是具有稳健性的。

表 6-7 稳健性检验

解释变量	土地经营权流转选择	土地经营权入股选择	土地经营权流转选择	土地经营权入股选择
	(9)	(10)	(11)	(12)
金融环境	0.8564*** (0.0811)	0.0884 (0.0776)	0.9416*** (0.0933)	0.1673* (0.0871)
金融素养	0.2857*** (0.0776)	-0.0234 (0.0751)	0.5329* (0.2916)	0.6529*** (0.3270)
其他变量	不控制	不控制	控制	控制

注:*、**、***分别表示在10%、5%和1%水平上显著。括号内为对应的 t 统计值。

本章小结

在农村土地"三权分置"改革的背景下,放活土地经营权是实现农业生产现代化和农业社会转型的一个有效路径。本章从经济理性的理论出发,验证了金融环境、金融素养对农户土地经营政策意愿选择的影响,进行了基于农户土地经营权转入、土地经营权转出、保有经营权及经营权入股等农户土地政策

---

① 限于篇幅,表 6-7(稳健性检验)中其他控制变量的系数与显著水平不在文中赘述。

影响因素的差异性分析，并进一步判断影响因素对于在农户土地政策选择中的相对重要性。得到的主要结论有：

第一，不同金融环境水平对农户土地政策选择意愿有明显差异。调研数据显示，贫困地区农户所受金融环境支持力度较强。其中，受金融环境支持力度越大，选择土地流转政策农户越多，反之受较低金融环境支持力度的农户倾向于选择继续保有土地经营权。可见，政府通过融资渠道、农业补贴、信贷可得性等方式为农户土地生产营造良好的金融环境，一定程度上决定了农户是否继续从事土地经营活动及其对土地政策的期望。

第二，金融素养对贫困农户的土地流转政策期望具有显著的正向影响，即金融素养越高的农户越可能主动参与土地经营活动，同时，提高农户的金融素养水平可以改善农户的土地政策评价。金融素养影响农户土地政策期望的选择路径依赖于风险回报认识、投资用途选择和土地抵押贷款意愿，即金融素养能够通过农户对投资用途的选择、投资回报的认识以及用土地作为抵押提高信贷可得性，推动农户主动参与土地经营的积极性，选择有效提高土地生产效率、更适宜农户自身发展的土地政策。

第三，农户的土地经营行为具有有限理性。作为土地经营的行为主体，农户受到自身资本积累、外部金融环境、自身金融素养与可获借贷水平等的限制，具有有限的在非确定性环境中追求自身利益最大化的判断和决策能力。实证结果表明，金融环境与金融素养均为农户进行差异化土地经营决策的重要机理因素。在良好的金融环境与金融素养刺激下，现有农户多选择转出、转入土地经营权或参与土地经营权入股，表明两者介入能够促进当下"三权分置"改革背景下的土地产权交易，有益于土地经营规模适度集中，表明金融部门在优化生产要素组合、创新土地经营方式从而提高土地效率方面可以发挥核心作用。

第 七 章

提高金融对农户家庭土地经营支持的建议

本书在梳理国内外金融影响农户经济行为、促进农户土地经营效率增长的相关文献基础上，立足于当下后精准扶贫时期我国贫困地区农户家庭经济与金融现状，选取 1995—2015 年全国农村固定观察点调查数据中 23000 农户，以及 2018 年西北四省（区）贫困农户家庭经济金融实地调研数据为样本数据，分别采用统计性描述、SFA 模型、柯布道格拉斯生产函数模型、评价效用模型、多元 Logit 模型等计量方法，分析讨论了贫困地区农户家庭金融需求及现状、农户土地生产经营状况、金融市场化与农户土地生产效率、金融支持农户的土地经营意愿转变的影响，以及以农贷、金融机构支农、金融要素为表征的金融机制对农户土地生产经营方式选择的作用效果和运行机制。

贫困地区农村金融市场的困境一直是学术界力图解决的难题，也是政府试图通过金融市场制度变革解决的现实问题，然而，直至今天，这些困境并未得到有效解决。了解贫困地区农村金融市场的基本特点与困境，分析导致贫困地区农村金融市场如何有效适应农户面临的发展困境，无疑是研究贫困地区农村金融市场制度改革目标的基础。

现阶段金融减贫未达到预期效果，既有现实表现，也有体制根源。结合前文结论，可得如下启示：第一，后精准扶贫时期农村农户类型和致贫因素变化，推动农村扶贫政策和金融治理策略的演进。目前农户家庭返贫因素复杂、生计脆弱和政府扶持方式多样性需要形成部门合作机制与政策协调统一。第二，贫困地区不同收入阶层、不同土地规模、不同生存技能下农户收支状况、生产方式、生活状态和金融需求具有不同属性。应创新贫困地区金融服务和产品，满足后精准扶贫时期农村地区家庭多元化金融需求。第三，改善贫困地区金融生态环境，提升农户享有金融服务与支持的机会，激发、引导农户的内生可持续发展动力。第四，贫困地区多分布于生态恶劣和灾害频发的地区，信贷主体具有生产经营脆弱性和收入波动性的特点，因而发挥资本市场和保险市场作用，可以建立扶贫融资新机制，拓宽风险补偿新渠道。本章结合前文分析结论，深思完善农村金融扶持农户家庭发展的作用路径，以期促进农户家庭更好发展，助力农户家庭消解生计脆弱、激发"内生动力"、依靠"主体意识"、弥补"短板"，促进农户和现代农业发展有机衔接。

无论从理论视角还是政策层面，后精准扶贫时期农村需要解决的问题集中表现为防止已经脱贫农户返贫或者长期处于低收入状况。加大运用农业信贷、农业保险等金融支持工具的力度，综合运用财政政策、产业政策，促进更多生存型农户转变为可持续的经营型农户，无疑是解决问题的关键。伴随原有贫困地区农村社会经济状况发生改变，农户家庭经济也已经出现一系列新的特点，农村金融体系、金融结构必将适应农村金融市场以及所服务农户群体所发生的新的变化。为此，本书基于相关分析结论给出相应的建议。

第一节　提升农户经济实力，增强对金融资源的吸引力

后精准扶贫时期亟须解决农户对金融资源的吸引问题。当前的现实是，即便各金融机构在不断加大对"三农"的支持力度，但出于风险防控的考虑，各金融机构对农村贷款设置的准入门槛依然较高，农村金融服务功能严重不足。投向"三农"的资金要求提供相应的抵押、质押及不动产等担保，可由于土地承包权抵押还有很大难度，农户贷款既缺乏有效抵押品，又缺乏专门担保基金或机构为农户提供担保，因此，资金需求相对较多的农户、农村企业贷款普遍遭遇抵押难、担保难和贷款难。因而，切实提高农户的解决实力，以增强对金融资源的吸引力变得尤为重要。

一、提升农户教育水平，加强农民职业技能培训

从调研统计数据可知，农户家庭平均教育回报水平（即将劳动力平均受教育程度转换为具有人力资本附加的劳动力存量）普遍偏低，农户家庭平均受教育年限8.59年，文盲率31.99%，高中及以上文化教育水平仅占18.55%。在国家九年义务教育已经普及的背景下，该地农户必须转变观念，除了享受国家补贴之外，自身也应加大对子女教育支出的倾斜力度，重视知识积累的重要性，督促子女更好地完成课程学业，推动农村人力资本质量的提升。除此之外，作为子女家长的青壮年农民，也应重视自身职业技能的培训，积极寻找适合自己的技能去学习，努力将自己转变为有知识、懂技术、愿创新、能管理的新型农民，成为发展现代农业、生态农业、农业产业化的后备人才大军。而面访经验和统计数据也证实，当地收入水平偏高的农户，通常教育水平也高，或者掌握了一技之能，并且这部分农户获得贷款的比率也高于他人。

二、提升农户金融素养，改善农户投资意识和支出结构

从根本来看，破解本书前文所述问题的实质是克服深度贫困地区农户生计脆弱性和实现其生计转换，促使贫困地区农户具有新的产业依托。现有农户金融素养水平低已经成为制约其获取信贷、形成投资和实现生计转换的瓶颈障碍因素。

作为想要脱贫致富，寻求更多资金支持，改变自身生活状态的农户，更应学习一定的金融知识，对信贷服务和产品有所了解。而农户的精力有限，信息来源途径不畅，仅靠自身积累很难实现。因此，一方面，农村信用社或当地政府可以结合一些高校师生，举办"大学生农村金融服务志愿者"相关活动，为当地农户提供更多的金融知识，从而转变农户的理财观念；另一方面，当地金融机构应加大自身金融产品的宣传和介绍，推出符合乡土民情的储蓄类替代产品，丰富农户的金融知识和投资选择。让农户不再把建房置业作为主要的贷款目标，不再将财礼费用作为家庭开支的重要负担，不去把所有积蓄投向传统生活型消费，而有更多的想法去进行生产性投资，推动当地农业实体经济的发

展，形成具备当地特色的农产品产业集群。

同时，不限于当下的金融知识教育培训，即主要为家庭（消费者）对金融资产收益风险以及货币时间价值的认知能力等。应该聚焦于克服农户生计脆弱性目标，有针对性并循序渐进地培育贫困农户的创业精神、企业家意识、资本运作意识、风险投资意识、风险控制能力、契约精神及产权（财产）意识。提供全方位金融素养培育支持体系，提供金融教育培训、社区金融文化形成与扩散、调节金融经济行为、强化金融市场参与，这一系列动态干预可以较好提升农户金融素养，改善贫困农户获得金融资本的渠道。

三、充分发挥政府引导作用，为农户搭建有效的创业信息平台

调研统计数据显示，"生存型"农户的贷款需求仅为51%，而有贷款需求的农户仅有不到半数将贷款用于生产活动（约为49%）。而在农户访谈中也可发现，一些收入水平一般，仅能维持日常基本开销的农户，也似乎对贷款创业、拓宽收入来源表现漠然。并非农户已经满足现状，不想增加收入，只是由于农户自身素质较低、经营能力较差、信息来源渠道不畅磨灭了农户为创业而贷款的信心。因此，在农村尚未形成一批有责任、有胆识、有素质、懂管理的"农村企业家"之前，政府应担当引导者角色，为农户提供更多的创业信息，并结合当地人情地貌和特色优势，开发新兴的带动当地经济发展的产业增长点。如调研乡村之一王家楼村，一方面，积极响应政府号召，维持当地生态原貌，开展"美丽乡村"试点建设；另一方面，依托当地人文历史背景，修建"闯王寨"旅游风景地，推动当地旅游业发展。此外，路村长还大力引进和推广香菇种植技术，依靠特色农业拓宽当地农户收入渠道。

此外，鼓励农户自主创业或"自我雇佣"的就业形态，引导社会资金进入农业生产领域。实现乡村振兴和支持农户经济发展的根本途径，是创造农户家庭形成依托产业的宽松的外部环境条件。在风险可控条件下，农村正规金融机构要加大对农户家庭经济以及新兴起的农村合作社、农业公司的生产性信贷投放。

四、立足区域比较优势，发展特色产业、龙头企业和科技农业

以商洛为例，商洛素有"八山一水一分田"之称，具有丰富的钒、钾、钼、铁、铅及黄金储量。土特产包括中药材、茶叶、烤烟等经济作物。但在调研的村户中部分农户虽有种植茶叶、烤烟等作物，但是规模较小，产量不高，生产加工仅处于初级阶段，特色农产品的产业化经营不足、产业链条不长。因此，其一，当地政府应融合本地人文文化，树立特色农产品品牌，加深大家对商洛特产的印象，带动农产品生产的规模化经营。其二，应当向农户提供更多技术支持，增强农户的种植技能，以科技带动农业高效生产。根据农户面访可知，当地农户种植茶叶、烤烟、香菇更多是自发形成，缺少技术指引和信息渠道。由于土地耕作不当和抵御自然灾害风险较差，打击了农户的种植信心，部分农户转向外出务工，茶叶和香烟的种植面积有所缩减。其三，应培养农产品精细加工意识和技术，改变目前仅停留在初级加工的状态，提升农产品附加值，让农户体会到现代农业带来的经济利益。

第二节　普及金融信贷管理模式，创新适合农户家庭的金融产品

目前农村地区农户的土地经营资金缺口大是不争的事实，通过本书的调查分析得到了进一步的验证。农户无论是通过正规金融借贷渠道还是通过非正规金融借贷渠道所获得的资金都十分有限；加之，农户自身又无法寻找到合适的抵押物品，融资工作无法顺利开展。因此，破解农户"贷款难""融资难"的问题困难重重。当前被寄予满足农户的生产资金需求希望的土地抵押贷款，又由于尚不完善的农村金融环境的制约，其开展所需要的外部条件并不具备，而且农户对土地抵押贷款的意愿还不够强烈，因而这项工作开展的群众基础并不牢固。

在被调研农户对土地抵押贷款的意愿尚不强烈的前提下，要重视那些农业生产资金短缺的农户的诉求。调查数据表明，受户主个体特征、农户家庭经济

特征、农户决策行为偏好以及农户对土地抵押贷款期望等因素的影响，这些农户对寻找解决"贷款难"问题的新思路、新方法具有较高的前瞻性和接受能力，能够主动尝试土地抵押贷款。通过实证分析还发现，在显著影响农户土地抵押贷款意愿的变量中，除了农户家庭经济特征中的借款来源呈负向影响外，其他变量都对农户土地抵押贷款意愿有着不同程度的正向影响。

甄别农户的不同土地生产意愿，实施差别化信贷管理模式。根据农户土地经营的差别化意愿，创新信贷产品和服务机制，增强农户贷款的可得性，满足农户农业生产性投资需求。比如，就小规模农户而言，能够促使非农就业意愿的劳动力转移，促使其实现农地转让；就抚养期与具有家庭负担的农户来说，改善非农产业结构，给其职业分化带来机会，并且给其提供相应的社会保障，促使农地确权登记工作对其农地转出行为有着很好的效果；对于有能力扩大生产规模的种植大户，农业信贷支持对象也需要由偏向于普惠信贷发展成普惠制与新兴经营主体特惠制的互相结合，积极引导与鼓励从事规模化、标准化、集约化的土地生产经营模式，培育发展家庭农场。

政府和金融机构应当联合建立与完善农地流转市场的金融服务体系，创新农地流转市场的金融产品，对有农地流转意愿的农村家庭提供信贷优惠政策，降低金融准入门槛，提高农村居民的金融可得性。在实际操作中就不同生产意愿的农户开展差异化土地激励政策，还需要对相关风险进行有效预防，创建完善的农村土地经营体制与法律体制，通过不同土地经营意愿的农户间的相互协调，共同提高农村土地资源的经营效率，最大化发挥农业金融政策扶持效力，激活农户土地生产的内在活力。

第三节 发展"供给导向型"金融，满足农户多元化金融需求

既要引导金融从"需求尾随型"发展模式转变为"供给导向型"发展模式，又要发挥各类金融机构资源的互补作用，改善金融格局不均衡状态，通过农户自身和金融机构的共同努力，双向互动，提升贫困地区农村金融服务水

平，有利于满足农户的多元化金融需求，使农村金融更好地服务于农民、农村和农业经济。

一、深化农业发展银行政策性银行指导与导向

与其他区域相比较，贫困区域金融市场失灵与发育不够健全的问题十分显著。商业与合作金融无法实现基础设施所需要的短期大量低成本资金。而政策性金融能够很好展现出自身优势，有效转变农村金融市场失灵情况，填补资金缺口。就国内仅有的农业政策性银行来说，其承担着农业政策性金融的使命。根据中国农业发展银行商洛市分行反映，商洛市县域分支机构资金主要来源于总行发行债券和企业存款，且以传统粮棉油收购贷款业务为主，商业性贷款较少。由于上级规定贷款发放资产质量、信用等级、抵押物等要求较高，致使许多好的项目被排除在外。因此，首先，应当放松中国农业发展银行商业性业务准入，调动农发行商业性贷款的发放活力，为农村金融市场增添竞争之力。其次，应当进一步发挥政策性银行在服务国家宏观调控、促进"三农"发展中的职能作用，努力做政府的银行。最后，全面增加对农村公益性、长期性、风险高与收益低借贷的政策性支持，有效填补其在农村金融市场发展中的缺位。

二、强化农业银行为"三农"服务的使命

2009 年股改后，农业银行全面推进"三农"业务、加大支持"三农"、服务"三农"的力度。但由于县域分支机构没有信贷权，极大限制了县级农业银行信贷投放灵活性和效率性，使得农业银行在农村金融市场的份额不断下降，其为"三农"服务的特殊使命也未得以完成。所以，首先，应加大放权，将业务决策权和财政权下放县域分支机构，让其实行单独核算和资源配置，构建专业化支农服务体系。其次，应进一步加快试点工作的开展，赋予农业银行分支机构独立决策权，如洛南县的阳光村镇银行 2008 年成立，发展势头良好。不良贷款比为 0.19%，存贷比 70% 左右。再次，应试行商业银行控股银行制。上级行为总公司、下级行为子公司，子公司参股母公司控股，并且按照参股比例划分相应的提款权利。最后，应加大小额贷款发放比例，支持农业银行重点

乡镇网点的恢复，促进农村金融领域的全面竞争。

三、发挥小贷公司和村镇银行的重要支农作用

商洛市有十家小额贷款公司和一家村镇银行。小贷公司挂牌经营都在3年以内，村镇银行成立已有5个年头。村镇银行与西安银行合作，发展势头良好。而小贷公司主要以抵押和担保方式为主，发放期限为一年以内单笔金额不超过60万元的贷款。从座谈可了解，其发展背后仍存在严重的金融道德风险问题，需要金融部门有效监管。其一，要防范小贷公司钻政策空子，享受国家政策补贴的同时，并没将贷款资金有效贷出，反而让更多资金存留于内部企业循环使用。其二，要给予小型金融机构更多的政策支持，最大限度做到宏观经营管理政策的一视同仁。让资金互助社、小贷公司、村镇银行可以享受同业拆借和中国人民银行再贷款的服务，使得新型金融机构资金流动顺畅，缓解资金源头不足的尴尬局面。其三，应制定符合现阶段新型金融机构特点的税收政策，并给予一定的税收优惠，以扶持、促进其健康、可持续发展。

关注正规金融单位减贫的时候，也需要增强对非金融单位的支持与鼓励，让其在农村贫困户家庭中起到重要的帮扶作用。一方面，全面考虑非金融因素具有的减贫效果，通过资本运作、技术支持等方式与非金融融合，与正规金融机构的资源构成聚合力，由此实现资源的有效运用，创建多样化扶贫模式，提供相应的资金与技术扶持，以期尽早解决贫困农户生计脆弱问题；另一方面，鼓励多种形式非正规信贷组织发展，增加非正规金融对农村地区的信贷支持，为农户提供多样化的投资工具，扩大农户家庭资产配置空间，提高农户金融资产收益，多渠道减弱对农户的金融排斥，为农户综合化平衡家庭资产与消费构建市场基础。

第四节 统筹配套相关服务，构建良性发展的金融环境

目前调研地区金融机构开展农民宅基地、林权抵押及订单农业贷款等创新项目，都遇到了不同程度的障碍，其中主要表现为农业保险、林业保险推行太

少，林权资产评估机构和人员欠缺，评估机构平台不完善等。因此，其一，应加快制定出台林地、宅基地评估、流转、抵押、税收等相关配套政策措施，确保抵押担保业务的顺利开展。其二，积极发展林业、农业保险。依照政策支持市场运作和农民自愿的原则，积极开展对林业、农业产业主要品种的保险试点，并且各级财政应对林业、农业企业给予保费补贴，逐步建立多种形式的林业、农业保险制度。其三，主管部门要依据现有法律法规，尽快提高林权、农民宅基地评估机构的评估资质，建立相关评估平台。其四，简化审批程序，延长贷款期限，降低贷款利率，破解抵押贷款瓶颈，推进农户小额贷款。

因此，进一步改善农村金融环境，健全农村金融服务体系，拓宽融资渠道，强化信贷支持，创新金融产品，以缓解农户从事土地生产活动的融资约束和资金约束，从而激发农户的土地生产意愿；加大政策支持力度，在税收减免、程序简化、农业生产项目提供、服务态度、办事效率、土地相关优惠政策和信息咨询等方面对农户给予大力支持，从而降低融资风险和交易成本，满足农户从事土地生产经营的需要；同时，培育贫困地区土地及其农产品生产经营氛围，宣传规模性生产农户的成功典型，激发农户自愿参与土地生产活动的内在热情。

附　录

基于秦巴山区的农户家庭田野调查

西北贫困地区农村经济金融状况农户调查问卷表（样表）

尊敬的先生/女士：

　　您好！欢迎您参加"西北地区后精准扶贫时期农村金融创新路径与模式"的调查工作，此次调查旨在了解西北地区连片特困地区和重点贫困县贫困人群的金融需求和金融机构信贷行为，进而对我国贫困到后贫困发展过渡阶段西北贫困地区农村金融制度改革创新提出前瞻性的政策方案。特此说明：您所填写的信息我们将严格保密，您可以放心作答，欢迎您对问卷中的疏漏之处提出宝贵意见。最后对您的积极配合与支持我们表示最衷心的感谢！

　　调查地点：_____市（县）_____乡（镇）_____村_____组

一、家庭基本情况

　　1. 户主族别_____，户主性别：□男_____　□女_____，户主年龄_____

　　2. 家庭人口总数：_____，家庭主要劳动力：_____，常年在家务农：_____，经常在外务工：_____

　　3. 务工地点（　）：A. 本乡镇　B. 本县其他乡镇或县　C. 本省其他县市　D. 其他省份

　　4. 耕地总面积_____亩。其中水浇地_____亩，旱耕地_____亩，宜林地_____亩

5. 户主基本信息：

（1）户主的受教育程度（ ）：A. 小学及以下　B. 初中　C. 高中（中专）　D. 大专及以上

（2）户主的技能（可多选）（ ）：A. 传统种植　B. 养殖　C. 工匠（木工、泥瓦工等）　D. 机械工　E. 运输　F. 加工作坊　G. 林果　H. 药材种植　I. 其他（请注明）

（3）户主社会状况、职业与政治面貌（可多选）（ ）：A. 农民　B. 共产党员　C. 国家企事业单位职工_____　D. 乡镇干部_____　E. 村干部（村委会主要成员）_____　F. 其他_____（请注明）

6. 家庭部分成员职业与政治面貌（可多选）（ ）：

A. 农民_____　B. 共产党员_____　C. 国家企事业单位职工_____　D. 乡镇干部_____　E. 村干部（村委会主要成员）_____　F. 其他_____（请注明）

7. 您的家庭属性是_____　A. 贫困户_____（□一般贫困户□低保贫困户□五保户）

B. 脱贫户_____（哪年脱贫_____，脱贫原因：_____，脱贫后巩固贫困、增加收入主要靠①从事新农业项目（规模种植、养殖）_____（请注明）；②从事非农项目_____（请注明）；③掌握新技术_____（请注明）；④进城务工；⑤财政支持扶贫、巩固脱贫资金；⑥金融机构扶贫、巩固脱贫信贷投入；⑦其他_____（请注明）

C. 家庭经营类型（ ）：①纯农业_____②农业为主兼营其他_____③非农业为主兼营其他_____④非农业_____（请注明）

8. 家庭收入来源（按2017年计算）：A. 种植农作物收入（_____元）：

种类	数量（亩）	产量（斤）	种类	数量（亩）	产量（斤）
小麦			枸杞		
玉米			红树莓		
马铃薯			牡丹		

续表

种类	数量（亩）	产量（斤）	种类	数量（亩）	产量（斤）
芦笋			甘草		
糜子			其他_____（注明）		
谷子					
油菜					

B. 养殖业收入（_____元）：

种类	存栏量（头/只）	出栏量（头/只）	单价（元）
牛			
羊			
家禽			
其他_____（注明）			

C. 外出务工或经商收入_____元，性别：男□_____女□_____（几人）；工种：□建筑工□搬运工□服务员□家政人员□其他_____（请注明），收入_____；年打工时长：_____（年/月）；打工地点：_____（注明：若两人以上可以灵活多选）

D. 工资性收入_____元；E. 政府提供低保或补贴_____元；F. 集体资助_____元；G. 其他_____元

9. 您家庭收入来源排序（可选多项，并用序号标明主次之分，如 1 表示最主要的收入来源）：

粮食作物	经济作物	林业	牧业	副业	渔业	外出务工	经商	社会救济	亲友资助	借贷	其他

10. 2017 年家庭总收入（注明：本项目由调查人员根据"收入来源"折算

估计）：

总收入	3万元以下	3—4万元	4—5万元	5—6万元	6—7万元	7—8万元	8—9万元	10万元以上
2017年								

11. 您2017年家庭支出情况（元）：

种肥药膜灌溉	农机具	临时性生产支出（如雇佣劳力）	养殖业	日常生活	医疗	子女教育	婚嫁丧葬	置业建房	其他项目	总计

12. 您对未来收入的投资、支出意愿：

A. 假如您获得10万元贷款，您将用于：

投放渠道	作物种植	农产品加工设备	养殖	商业运营	运输工具	健康医疗	子女教育	婚丧嫁娶
金额								

投放渠道	建房	生活消费	放在家里	保险	有息出借	无息出借	偿还债务	其他
金额								

B. 假如您有10万元新增收入，您将用于：

投放渠道	作物种植	农产品加工设备	养殖	商业运营	运输工具	健康医疗	子女教育	婚丧嫁娶	建房	生活消费
金额										

投放渠道	邮储银行	农村商业银行	村镇银行	放在家里	股票债券	保险	有息出借	无息出借	偿还债务	其他
金额										

13. 您家自有房屋面积_____平方米，建房费用_____元；_____年建房；房产估值_____元；自有财产（耐用品资产如农机等）大约_____千元

14. 您家是否拥有下列消费品及生活设施（　　）

　　A．家庭耐用品（电视、冰箱等）　B．轿车　C．电脑及宽带　D．摩托车　E．手机

15. 您家是否拥有下列生产工具及设施（　　）

　　A．耕牛　B．拖拉机　C．抽水机　D．收割机　E．日光节能温室

　　F．牲畜暖棚　G．三轮车　H．运货车　I．其他大型农具_____（请注明）

16. 导致您家庭或您周围家庭困难（贫困）的主要原因是（　　）（按重要性选3项）

　　A．除农业收入外几乎没有其他经济来源

　　B．家庭成员患重病或残疾

　　C．居住地自然条件很差

　　D．赡养老人负担重

　　E．多子女抚养负担重

　　F．劳动力缺乏

　　G．因灾害或突发各种事件

　　H．其他

17. 您曾得到扶贫形式是（　　），哪种扶贫形式对改善您家庭状况最有效（　　）？

　　A．政府现金救济 B．实物形式 C．技术援助 D．金融机构贴息贷款 E．移民搬迁 F．教育扶贫 H．其他_____（请注明）

二、金融服务情况

18. 您是否曾经向正规金融机构申请过贷款或有申请贷款的意愿（　　）？

　　A．有_____（理由为：①生产经营类支出_____：A．□药材　B．□枸杞　C．□种植　D．□养殖　E．□农机设备　F．□非农生产；②生活消费类支出_____：A．□购置生活用品　B．□食品支出　C．□治病　D．□婚嫁

E. □子女教育　F. □其他_____（请注明）；③农业生产过程中服务类支出_____；④偿还债务_____；⑤外出务工_____；⑥商业运营_____；⑦子女教育_____；⑧健康医疗_____；⑨婚嫁丧葬_____；⑩建房置业_____；其他用途_____（请注明）

B. 否_____（理由为：①不需要贷款；②认为申请不到；③利息太高；④担心无法偿还；⑤没有借钱习惯；⑥已从亲朋处获得；⑦离正规金融机构太远或金融机构太少；⑧其他_____（请注明）

19. 您是否向正规金融机构成功申请到贷款_____？

A. 是（2017年您家庭向正规金融机构贷款_____元，贷款情况）：

其中，申请扶贫贷款情况：

借款来源	申请金额	获批金额	借款用途	期限	年利率	未按期偿还原因
农业银行						
农村商业银行						
邮储银行						
村镇银行						
其他（注明）						

申请一般贷款的情况：

借款来源	申请金额	获批金额	借款用途	期限	年利率	未按期偿还原因
农业银行						
农村商业银行						
邮储银行						
村镇银行						
其他（注明）						

B. 否（您在申请贷款过程中遇到哪些困难或认为哪些原因使您未得到贷款_____①不了解贷款事项　②申请手续烦琐　③贷款额度不够　④偿还贷款困难　⑤其他_____（请注明）

C. 获得但没有满足_____　申请贷款额度为_____；实际得到贷款额度_____；借款期限_____；利率_____；贷款方式：①信用贷款　②担保贷款　③抵押（质押）贷款　④联户贷款；贷款发放方式：①一次性发放　②分期发放　③其他_____；还款方式为：①一次性还款　②分期还款　③其他_____（请注明）

D. 贷款还款情况_____：①已按时归还；②逾期后半年内归还；③逾期半年以上一年以内归还；④逾期在一年以上或未归还；⑤未到期

20. 你了解哪些金融服务与产品（　　）？

A. 存折　B. 银行卡　C. 信用卡　D. 网银　E. 银行保险或理财产品　F. 黄金业务

21. 您所了解的金融知识是（　　）

A. 存贷款标准　B. 理财产品　C. 保险

D. 相关股票债券等金融工具　E. 网上支付或网贷

22. 获取金融知识的渠道是（　　）

A. 从未获得相关知识　B. 亲朋好友　C. 广播电视、报纸书籍及网络

D. 政府宣传　E. 金融机构工作人员

23. 农户信用评级：

（1）农村商业银行是否对您家进行过信用评级_____？①是②否；

（2）您家是不是信用户_____？①是②否；

（3）您是否认同"信用很重要，要小心维护"_____？①同意②不同意。

24. 以下金融环境建设活动中，您村里已具备了（　　）（可多选，都没有时填"0"）

A. 金融服务站　B. 手机银行　C. 网上银行

D. 电话银行　E. POS机等支付终端　F. 其他_____（请注明）

25. 您认为从农村商业银行、农业银行或其他银行能得到贷款的最重要因素是（　）

A. 有抵押物（□土地□住房）　B. 历史信用好　C. 有好的项目

D. 与贷款机构人缘好　E. 有担保人　F. 其他_____（请注明）

26. 您认为金融机构愿意放贷且您能够承受的利率是（　）

A. 5%以下　B. 6%—10%　C. 11%—15%　D. 16%—20%　E. 20%以上

27. 急需资金时您愿意选择的贷款渠道（　）

A. 亲友无息借款 B. 典当及民间借贷（向钱庄）　C. 农业银行及农村商业银行　D. 邮储银行　E. 村镇银行、资金互助社和小额贷款公司　F. 其他_____（请注明）

28. 目前，若您考虑贷款，贷款额度意愿是（　）

A. 1万元以下（含1万元）　B. 10001—15000元　C. 15001—20000元

D. 2—5万元　E. 5万元以上

29. 您认可的服务于农村、农业的金融机构是（　）

A. 农村商业银行 B. 农业银行 C. 村镇银行 D. 邮储银行 E. 保险公司

30. 您对金融机构服务的评价：

金融机构 您的评价	农村商业银行	农业银行	邮储银行	保险公司	其他
非常满意					
基本满意					
不满意					
非常不满意					
您的建议					

31. 以下金融扶贫贷款中，您享受到的（　）（可多选，都没有时填"0"）

A. 妇女小额贷款　B. 农村青年创业小额贷款　C. 小额就业贷款

D. 民贸民品贴息贷款　E. 富民安居贷款　F. 残疾人康复贷款

H．助学贷款　I．养殖贷款　G．其他_____（请注明）

32．如果能获取扶贫贷款，您希望用在哪些方面（　）？（按重要性选 3 项）

A．种植　B．养殖　C．个体经营　D．科技培训

E．药材　F．承包土地　H．其他_____（请注明）

33．您对金融机构发行的"贷款+项目"小额贷款模式是否了解（　），是否有意愿参加（　）？

A．是　B．否

34．您所在地使用互联网金融情况（　）

A．有　B．无

三、民间金融情况

35．村里是否存在民间借贷行为（即除了中农建工交、农村商业银行、邮储银行等国家正规金融机构外的非正规金融组织及个人）？_____　A．是 B．否

36．您通过民间借贷得到借款_____元（没有即填"0"），利率是_____

37．如果您选择民间借款原因是（　）

A．无利息　B．实际利息低　C．还款期限灵活　D．方便快捷　E．唯一的途径　F．其他

38．您参与民间借贷的契约形式（　）

A．口头协议　B．立字据　C．第三方担保　D．灵活抵押　F．其他

39．您 2017 年一年的民间贷款情况为：

借款来源	申请金额	获得金额	借款用途	期限	年利率	逾期情况	未按期偿还原因
民间有息							
民间无息							

40．您认为影响民间借贷利率的因素主要有（　）

A．借款用途　B．本金规模　C．贷款期限　D．还款付息方式

E. 熟悉程度　F. 银行贷款利率　G. 其他

41. 您参与的民间借贷还款形式为（　）

　　A. 无期限，什么时候有钱什么时候还　B. 一次性本金带息归还

　　C. 分次偿还　　　　　　　　　　　　D. 先付利息后本金

42. 据您所知，给您提供民间借贷的单位（个人），其资金来源渠道是（　）（可多选，若没有可不选）

　　A. 个人积蓄或企业闲置资金　B. 向银行等金融机构贷款

　　C. 向其他个人或企业借入资金　D. 境外资金　E. 其他途径，如_____（请注明，调查员手写）

43. 周围朋友需要贷款时，您愿意为他们担保吗？（　）

　　A 不愿意，不想找麻烦　　　　　B. 风险大不愿意

　　C. 可能会，只看对方跟我什么关系　D. 愿意为可信朋友担保

44. 您对民间借贷作用的认识（　）

　　A. 很好，有助于解决融资渠道不足问题　B. 正常行为，各取所需

　　C. 不好，扰乱正常经济金融秩序　D. 其他，如_____（请注明，调查员手写）

四、保险

45. 购买农村保险情况（　）

　　A. 家庭财产保险　B. 人身意外保险　C. 医疗保险　D. 教育保险

　　E. 种养殖保险　　F. 车辆保险　　　G. 农机保险　H. 其他保险

46. 若您参加农业保险，主要农业保险险种为（　）

　　A. 棉花种植保险（保费支出是_____）B. 大棚种植保险（保费支出是_____）C. 水稻种植保险（保费支出是_____）D. 小麦种植保险（保费支出是_____）E. 奶牛养殖保险（保费支出是_____）F. 肉鸡养殖保险（保费支出是_____）G. 其他_____（请注明）

47. 您未购买保险的原因是（　）

　　A. 费用高，不划算　　B. 认为自身不需要　　C. 存在侥幸心理

D. 想购买却无合适险种　E. 对保险业务不了解　F. 其他_____（请注明）

五、投资与生产

48. 如果有富余的钱，您是否将钱存入银行或农商行（　）？

A. 是（其首要目的是：①获得利息；②存起来安全；③预防不时之需）

B. 否

49. 如果有人向你推荐 1 个创业项目，您觉得首先需要考虑的问题是（　）

A. 有没有经商能力　B. 资金够不够　C. 产品有没有销路　D. 会不会有风险　E. 其他

50. 假设您有 10 万元可以投资，成功的可能性是一半，如果成功，你将得到 30 万元，如果不成功，您将损失这 10 万元，您是否会投资（　）？

A. 是　B. 否

51. 如果您希望在农村创业，创业资金不足，您将如何处理（　）？

A. 资金不够就不做，不想欠账　B. 向亲友借钱

C. 民间有息贷款　D. 争取农商行贷款

E. 其他_____（请注明）

52. 您家目前生产经营中的最大困难是（　）

A. 资金　　B. 土地　C. 技术　D. 信息闭塞

E. 销售渠道　F. 知识　G. 价格　H. 政策支持

I. 其他_____（请注明）

53. 您用以生产的土地是自家土地还是转包他人土地_____（□自家□转包他人土地），若是转包的，_____年转来，_____费用（元）？

54. 今后对土地经营的打算是（　）（可多选）

A. 继续经营现有自家承包地　B. 自家承包地部分转包

C. 经营自家承包地并转包他人土地　D. 自家承包地全部转包出去

E. 其他

55. 打算继续经营农地的原因主要是（　）

A. 获取口粮增加安全感　　B. 抛荒要受罚

C. 特色农业效益较好　　D. 不种地也没有更好的事干　　E. 其他

56. 目前生产经营活动中，是否考虑以农地为抵押向银行申请贷款（　　）？

A. 考虑

B. 不考虑（理由为：①无贷款需求　②自家土地面积小　③可获取的抵押贷款金额低　④抵押贷款手续麻烦　⑤丧失承包地的风险高　⑥其他

57. 您家农地是否曾用于抵押贷款（　　）？

A. 是（_____亩；_____元）　　B. 否

六、政策评价与期望

58. 以下哪种形式的扶贫最受您欢迎，使您受益最大？（　　）

A. 道路、房屋、饮水等基础设施建设改造　　B. 教育扶贫　　C. 健康扶贫

D. 种养殖业规模化扶贫　　E. 技能、技术培训

F. 资产收益扶贫　　H. 旅游、光伏等新业态扶贫

59. 您更满意政府哪种形式的金融扶贫政策？（　　）

A. "政府基金+商业银行"模式　　B. 扶贫小额信贷　　C. 贷款贴息

60. 您更满意"政府产业基金+商业银行"模式中哪款扶贫基金？（　　）

A. 扶贫产业担保基金　　B. 助保贷基金　C. 电商产业发展基金

D. 农业特色优势产业贷款风险补偿基金　E. 全民创业基金

F. 妇女创业基金　　G. 羊绒产业基金

61. 您希望国家出台哪些政策（　　）？

A. 土地经营权归农民所有　　　　B. 土地流转　C. 户籍改革

D. 政府创造条件支持规模农业发展　　E. 政府推动农民专业合作社

F. 完善农村人才培育体系　　　　G. 农村二三产业税费改革

H. 财政扶持政策　　　　　　　　I. 土地入股分红

调研员姓名：_____　调研日期：_____

参考文献

中文文献

边文龙、王向楠：《面板数据随机前沿分析的研究综述》，《统计研究》2016 年第 6 期。

毕宝德：《土地经济学》第 4 版，中国人民大学出版社 2001 年版。

陈银娥、师文明：《中国农村金融发展与贫困减少的经验研究》，《中国地质大学学报》2010 年第 10 期。

陈小君：《我国农村土地法律制度变革的思路与框架——十八届三中全会〈决定〉相关内容解读》，《法学研究》2014 年第 4 期。

陈雪婷等：《农户土地经营权流转意愿的决定：成本收益还是政策环境？——基于小农户和种粮大户分化视角》，《中国农业大学学报》2019 年第 2 期。

陈飞、翟伟娟：《农户行为视角下农地流转诱因及其福利效应研究》，《经济研究》2015 年第 10 期。

崔艳娟、孙刚：《金融发展是贫困减缓的原因吗》，《金融研究》2012 年第 11 期。

蔡立东、姜楠：《农地三权分置的法实现》，《中国社会科学》2017 年第 5 期。

蔡海龙、关佳晨：《不同经营规模农户借贷需求分析》，《农业技术经济》2018 年第 4 期。

丁文：《论"三权分置"中的土地经营权》，《清华法学》2018 年第 1 期。

丁志国等：《农村金融对减少贫困的作用研究》，《农业经济问题》2011 年第 11 期。

杜鹰：《小农生产与农业现代化》，《中国农村经济》2018 年第 10 期。

付兆刚、张启文：《基于 PSTR 模型的农村金融渠道减贫效应分析》，《中南财经政法大学学报》2016 年第 3 期。

樊纲等：《中国市场化指数——各地区市场化相对进程 2011 年报告》，经济科学出版社 2011 年版。

参考文献

谷慎：《我国农村金融效率实证分析》，《西安交通大学学报（社会科学版）》2006年第9期。

盖庆恩等：《劳动力转移对中国农业生产的影响》，《经济学（季刊）》2014年第3期。

郭军华等：《基于三阶段DEA模型的农业生产效率研究》，《数量经济技术经济研究》2010年第12期。

高圣平：《承包土地的经营权抵押规则之构建——兼评重庆城乡统筹综合配套改革试点模式》，《法商研究》2016年第1期。

高海：《论农用地"三权分置"中经营权的法律性质》，《法学家》2016年第4期。

黄惠春：《农村土地承包经营权抵押贷款可得性分析——基于江苏试点地区的经验证据》，《中国农村经济》2014年第3期。

黄金辉：《中国农业现代化的瓶颈：投资不足》，《四川大学学报（哲学社会科学版）》2004年第3期。

贺胜年等：《多维贫困视角下土地整治的减贫成效评价》，《农业经济》2019年第4期。

胡宗义等：《农村正规金融发展的减贫效应》，《现代财经》2014年第8期。

冀县卿等：《土地经营规模扩张有助于提升水稻生产效率吗？——基于上海市松江区家庭农场的分析》，《中国农村经济》2019年第7期。

江激宇等：《种粮大户扩大农地规模意愿存在盲目性吗？》，《中国人口·资源与环境》2016年第8期。

孔凡斌、廖文梅：《基于收入结构差异化的农户林地流转行为分析：以江西省为例》，《中国农村经济》2011年第8期。

李勇、杨卫忠：《农村土地流转制度创新参与主体行为研究》，《农业经济问题》2014年第2期。

李恒：《农村土地流转的制度约束及促进路径》，《经济学动态》2015年第6期。

李宁等：《现代农业发展背景下如何使农地"三权分置"更有效——基于产权结构细分的约束及其组织治理的研究》，《农业经济问题》2016年第7期。

李谷成：《技术效率、技术进步与中国农业生产率增长》，《经济评论》2009年第1期。

李谷成等：《资本积累、制度变迁与农业增长——对1978—2011年中国农业增长与资本存量的实证估计》，《管理世界》2014年第5期。

罗必良、李玉勤：《农业经营制度：制度底线、性质辨识与创新空间——基于

"农村家庭经营制度研讨会"的思考》,《农业经济问题》2014年第1期。

林茹、栾敬东:《中国金融发展对贫困减缓的作用研究》,《长春理工大学学报》2014年第5期。

林乐芬、王军:《转型和发展中国家农地产权改革及其市场效应评述》,《经济学动态》2010年第12期。

吕永斌、赵培培:《我国农村金融发展与反贫困绩效:基于2003—2010年的经验证据》,《农业经济问题》2014年第1期。

刘莎、刘明:《家庭借贷、经营规模与农户土地经营意愿——基于小农户、中农户和大农户分化视角》,《长江领域资源与环境》2021年第8期。

马九杰等:《农村金融机构市场化对金融支农的影响:抑制还是促进?——来自农信社改制农商行的证据》,《中国农村经济》2020年第11期。

米运生等:《宏观金融效率、所有权效应与中国的银行自由化》,《西安交通大学学报(社会科学版)》2009年第2期。

米运生:《金融自由化与区域经济增长差异》,《财经科学》2009年第7期。

宁静等:《土地确权是否具有益贫性?——基于贫困地区调查数据的实证分析》,《农业经济问题》2018年第9期。

潘文卿:《中国资本配置效率与金融发展相关性研究》,《管理世界》2003年第8期。

彭继权等:《土地流转对农户贫困脆弱性的影响研究》,《中国土地科学》2019年第4期。

全炯振:《中国农业全要素生产率增长的实证分析:1978—2007年——基于随机前沿分析(SFA)方法》,《中国农村经济》2009年第9期。

沈军:《金融效率论——二元视角下的理论分析与中国实证研究》,经济科学出版社2006年版。

苏基溶、廖进中:《中国金融发展与收入分配、贫困关系的经验分析》,《财经科学》2009年第12期。

苏静等:《农村非正规金融发展的减贫效应非线性研究》,《农业技术经济》2014年第1期。

师荣蓉等:《金融减贫的门槛效应及其实证检验》,《中国软科学》2013年第3期。

施海波等:《土地禀赋、支持政策与农户经营规模的扩大——基于4省1040户农户调查数据的分析》,《西北农林科技大学学报(社会科学版)》2019年第2期。

谭燕芝等:《农村金融网点扩张与县域资金外流——基于2005—2012年县域经

验证据》,《中国经济问题》2018年第2期。

田杰:《新型农村金融机构、资金外流与乡村振兴》,《财经科学》2020年第1期。

王亚玲、张庆升:《资本市场效率理论的体系》,《北京工商大学学报(社会科学版)》2005年第1期。

王广谦:《经济发展中金融的贡献与效率》,中国人民大学出版社1997年版。

王广谦:《中国金融发展中的结构问题分析》,《金融研究》2002年第5期。

王振山:《金融效率论——金融资源优化配置的理论与实践》,经济管理出版社2000年版。

王士海、王秀丽:《农村土地承包经营权确权强化了农户的禀赋效应吗?——基于山东省117个县(市、区)农户的实证研究》,《农业经济问题》2018年第5期。

王钢等:《互助资金对贫困户脱贫的支持:可得性和匹配性——基于贫困户与资金互助社双向选择的分析》,《江西财经大学学报》2019年第6期。

王兴稳、钟甫宁:《土地细碎化与农用地流转市场》,《中国农村观察》2008年第4期。

王宇熹、范洁:《消费者金融素养影响因素研究——基于上海地区问卷调查数据的实证分析》,《金融理论与实践》2015年第3期。

汪昌云等:《金融市场化提高了农户信贷获得吗?——基于农户调查的实证研究》,《经济研究》2014年第10期。

吴云青等:《农民农地准出意愿及影响因素的性别差异:基于天津市578份调查问卷的实证分析》,《中国人口·资源与环境》2016年第6期。

翁鸣:《中国农业转型升级与现代农业发展:新常态下农业专项升级研讨会综述》,《中国农村经济》2017年第4期。

辛念军:《经济增长中的金融效率》,经济科学出版社2006年版。

肖轶等:《农户农村"三权"抵押贷款需求意愿及影响因素分析——基于重庆市22个县(区)1141户农户的调查数据》,《中国农村经济》2012年第9期。

谢平:《中国农村信用社体制改革的争论》,《金融研究》2001年第1期。

俞乔:《市场有效、周期异常与股价波动——对上海、深圳股票市场的实证分析》,《经济研究》1994年第9期。

杨德勇:《金融效率论》,中国金融出版社1999年版。

杨德勇:《对金融效率问题的思考》,《甘肃金融》1998年第10期。

杨俊等:《中国金融发展与贫困减少的经验分析》,《世界经济》2008年第8期。

杨阳等:《土地经营规模与中国农村家庭借贷——基于CHFS数据的实证研究》,

《经济与管理研究》2019年第6期。

应瑞瑶等:《农地确权、产权状态与农业长期投资——基于新一轮确权改革的再检验》,《中国农村观察》2018年第3期。

约翰·伊特韦尔等编:《新帕尔格雷夫经济学大辞典》(第四卷),经济科学出版社1996年版。

郑长德:《中国金融发展与城镇居民收入差距关系的实证研究》,《财经理论与实践》2006年第6期。

郑长德:《资本流动与经济增长收敛性关系——基于中国省际差异的实证研究》,《广东金融学院学报》2008年第1期。

赵宸宇、李雪松:《金融市场化、小额贷款与中国家庭信贷可得性——基于CHFS微观数据的实证研究》,《金融论坛》2017年第8期。

周振等:《中国农村资金净流出的机理、规模与趋势:1978—2012年》,《管理世界》2015年第1期。

周业安、赵坚毅:《我国金融市场化的测度、市场化过程和经济增长》,《金融研究》2005年第4期。

钟晓兰等:《农户认知视角下广东省农村土地流转意愿与流转行为研究》,《资源科学》2013年第10期。

钟腾等:《金融市场化、农村资金外流与城乡收入差距》,《南开经济研究》2020年第4期。

张兵、翁辰:《农村金融发展的减贫效应——空间溢出和门槛特征》,《农业技术经济》2015年第9期。

张笑寒、岳启凡:《土地规模化经营促进农业生产性投资了吗?——基于全国三十一个省(市)的面板数据》,《审计与经济研究》2019年第4期。

张益丰等:《土地流转、农业适度规模化及农户增收的多维度检视——基于三省584户农业经营户调研数据的实证研究》,《经济学家》2019年第4期。

张晓山、何安耐:《农村金融转型与创新——关于合作基金会的思考》,山西经济出版社2002年版。

张正平、杨丹丹:《市场竞争、新型农村金融机构扩张与普惠金融发展——基于省级面板数据的检验与比较》,《中国农村经济》2017年第1期。

外文文献

Dale W. Adams, "Filling the Deposite Gap in Microfinance", Paper for the Best Practices in Savings Mobilization Conference, No. 11 (2002).

参考文献

A. Geda, et al., "Finance and Poverty in Ethiopia", United Nations University Research Paper, No. 51 (2006).

A. Demirguc-Kurt, R. Levine, "Finance and Inequality: Theory and Evidence", World Bank Policy Research Working Paper Series, No. 4967 (2009).

P. Arestis, A. Cancer, "Financial Liberalization and Poverty: Channels of Influence", Levy Economics Institute Working Paper, No. 411 (2004).

J. A. Atwood, et al., "Farm and Nonfarm Factors Influencing Farm Size", American Agricultural Economics Association Annual Meeting, 2002.

A. D. Bain, *The Economics of the Financial System*, Wiley-Blackwell, 1981.

A. Ali, A. Abdulai, "The Adoption of Genetically Modified Cotton and Poverty Reduction in Pakistan", *Journal of Agricultural Economics*, Vol. 61, No. 1 (2010).

F. J. Buera, et al., "Finance and Development: A Tale of Two Sectors", *The American Economic Review*, Vol. 101, No. 5 (2011).

J. Becerril, A. Abdulai, "The Impact of Improved Maize Varieties on Poverty in Mexico: A Propensity Score Matching Approach", *World Development*, Vol. 38, No. 7 (2010).

B. C. Greenwald, J. E. Stiglitz, "Asymmetric Information and the New Theory of the Firm: Financial Constraints and Risk Behavior", *American Economic Review*, Vol. 2, No. 80 (1990).

P. Bernhardt, "Convergent Evolution and Adaptive Radiation of Beetle-pollinated Angiosperms", *Plant Systematics and Evolution*, Vol. 222 (2000).

Clarke, et al., "Finance and Income Inequality: Test of Alternative Theories", World Bank Policy Research Working Paper, No. 2984 (2003).

B. Canavire, et al., "Financial Development and the Distribution of Income in Latin Aemrica and the Caribbean", IZA Discussion Papers, 2008.

J. Y. Campbell, "Household Finance", *The Journal of Finance*, Vol. LXI, No. 4 (August 2006).

M. R. Cater, P. Olinto, "Getting Institutions Right for Whom? Credit Constrains and the Impact of Property Rights on the Quantity and Composition of Investment", *American Journal of Agricultural Economics*, Vol. 85, No. 1 (2003).

A. Demirguc-Kunt, E. Detragiache, "Financial Liberalization and Financial Fragility", Working Paper, No. 83 (1998).

Doug Pearce, Junior Davis, "Making Rural Finance Count for the Poor", UK Department for International Development Working Paper, No. 9 (2004).

Y. Dolev, A. Kimhi, "Does Farm Size Really Converge? The Role of Unobserved Farm Efficiency", Working Paper, the Center for Agricultural Economic Research of the Hebrew University, 2008.

D. Dollar, A. Kraay, "Growth is Good for the Poor", *Journal of Economic Growth*, Vol. 3, No. 7 (2002).

E. V. Tassel, "Credit Access and Transferable Land Rights", *Oxford Economic Papers*, Vol. 56, No. 1 (2004).

E. S. Shaw, *Financial Deepening in Economic Development*, New York: Oxford University Press, 1973.

J. Greenwood, B. Jovanovic, "Financial Development, Growth, and the Distribution of Income", *Journal of Political Economy*, Vol. 98 (1990).

Z. Galor, J. Zeira, "Income Distribution and Macroeconomics", *Review of Economic Studies*, No. 60 (1993).

R. Goldsmiths, "Financial Structure and Development", New Haven: Yale University Press, 1969.

S. Ghosh, "Did Financial Liberalization Ease Financial Constraints? Evidence from India Farm-level Data", *Emerging Market Review*, Vol. 7 (2006).

S. Haggblade, "Returns to Investment in Agriculture", in *Food Security Collaborative Policy Briefs*, East Lansing, MI: Michigan State University, 2007.

H. Jalilian, C. Kirkpatrick, "Financial Development and Poverty Reduction in Developing Countries", *International Journal of Finance and Economics*, Vol. 2, No. 7 (2002).

H. Y. Li, et al., "Explaining International and Intertemporal Variations in Income Inequality", *Economics Journal*, Vol. 1, No. 108 (1998).

P. Holden, V. Prokopenko, "Financial Development and Poverty Alleviation: Issues and Policy Implications for Developing and Transition Countries", IMF Working Paper, No. 1 (2001).

Jack Revell, "Efficiency Financial in the Sector", *Microeconomic Efficiency and Macroeconomic Performance*, Vol. 3, No. 2 (1983).

Jacob Yaron, "From Old to New Roles of Government in Establishing Sound Rural Financial Institutions", *Rural Finance and Credit Infrastructure in China*, No. 13 (2004).

S. G. Jeanneney, K. Kpodar, "Financial Development, Financial instability and Poverty", University of Auvergne Working Paper, No. 9 (2005).

S. Jin, K. Deininger, "Land Rental Markets in the Process of Rural Structural Transformation: Productivity and Equity Impacts from China", *Journal of Comparative Economics*, Vol. 37, No. 4 (2009).

J. G. Gurley, E. S. Shaw, "Financial Aspects of Economics Development", *The American Economic Review*, Vol. 4, No. 45 (1955).

J. G. Gurley, E. S. Shaw, *Money in a Theory of Finance*, Washington D. C.: The Brookings Institution, 1960.

Joseph E. Stiglitz, "Redefining the Role of the State: What should It Do? How should It Do It? And How should These Decisions be Made?", World Bank Working Paper, 2000.

S. C. Kumbhakar, C. A. Lovell, "Stochastic Frontier Analysis", Cambridge UK: Cambridge University Press, 2000.

A. Leyshon, N. Thrift, "Financial Exclusion and the Shifting Boundaries of the Financial System", *Environment and Planning A*, Vol. 28, No. 7 (1996).

A. Lusardi, et al., "Financial Literacy among the Young", Michigan Retirement Research Center Research Paper, No. 191 (2008).

A. Lusardi, et al., "Financial Literacy among the Young: Evidence and Implications for Consumer Policy", *Journal of Consumer Affairs*, Vol. 44, No. 2 (2010).

J. N. Marshall, "Financial Institution in Disadvantaged Areas: A Comparative Analysis of Policies Encouraging Financial Inclusion in Britain and United States", *Environment and Planning A*, Vol. 36, No. 2 (2004).

Robert A. Hoppe, "Structure and Finances of U. S. Farms: Family Farm Report. United States Department of Agriculture", Economic Information Bulletin No. EIB – 132 (2014).

R. I. Mckinnon, "Money and Capital in Economic Development", *American Political Science Review*, Vol. 68, No. 4 (1973).

Michael Chibba, "Financial Inclusion, Poverty Reduction and the Millennium Development Goals", *European Journal of Development Research*, No. 21 (2008).

Matsuyama, "Financial Market Globalization and Endogenous Inequality of Nations, The Center for Mathematical Studies in Economics and Management Science", Northwestern University Working Paper, 2000.

M. J. Fry, "Money Capital or Financial Deepening in Economic Development", *Journal of Money, Credit and Banking*, Vol. 4, No. 10 (1978).

P. Honohan,"Measuring Microfinance Access: Building on Existing Cross Country Data", World Bank Policy Research Working Paper, 2005.

P. Aghion, P. Bolton, "A Trickle Down Theory of Growth and Development", *The Review of Economic Studies*, Vol. 2, No. 64 (1997).

R. L. Robinson, D. Whiteman,"Financial Market: The Accumulation and Allocation of Wealth", 1974.

R. R. Burgess, R. Pande, "Do Rural Banks Matter? Evidence from the Indian Social Banking Experiment", CMPO Working Paper Series, No. 4 (2003).

Ruerd Ruben, Luud Clercx,"Rural Finance, Poverty Alleviation and Sustainable Land Use: The Role of Credit for the Adoption of Agroforestry Systems in Occidental Honduras", *Journal of Microfinance*, Vol. 2, No. 5 (2003).

R. G. Ranjan, L. Zingales, "Saving Capitalism from the Capitalists: Unleashing the Power of Financial Markets to Create Wealth and Spread Opportunity", NewYork: Crown Business, 2003.

MartinRavallion, "Does Undernutrition Respond to Incomes and Prices? Dominance Tests for Indonesia", *World Bank Economic Review*, Vol. 6, No. 1 (1997).

M. R. Rosenzweig, "Rural Wages, Labor Supply, and Land Reform: A Theoretical and Empirical Analysis", *American Economic Review*, Vol. 65, No. 5 (1978).

R. L. Mckinnon, *Money and Capital in Economic Development*, Washington D. C.: The Bookings Institution, 1973.

Roland I. Robinson, Wrightsman J. Dwayne, *Financial Market: The Accumulation and Allocation of Wealth*, McGraw-Hill Book Company, 1974.

R. G. King, Rose Levine, "Finance and Growth: Schumpeter might be Right", *The Quarterly Journal of Economics*, Vol. 3, No. 108 (1993).

J. Stiglitz, "The Role of the State in Financial Markets", Proceedings of the World Bank Annual Conference on Development Economic, 1998.

L. Snider, M. Langemeier, "A Long-term Analysis of Changes in Farm Size and Financial Performance", Southern Agricultural Economics Annual Meeting, Atlanta, Georgia, 2009.

Vicente Galbis, "Financial Intermediation and Economic Growth in Less-developed Counties: A Theoretical Approach", *Journal of Development Studies*, Vol. 2, No. 13 (1977).

L. Xu, B. Zia, "Financial Literacy around the World: An Overview of the Evidence with Practical Suggestions for the Way Forward", *World Band Policy Research Working Paper*, No. 6107 (June 2012).

Y. Zhang, G. Wan, "How Precisely can We Estimate Vulnerability to Poverty?", *Oxford Development Studies*, Vol. 3, No. 37 (2009).

后　记

　　本书是由我主持的陕西省哲学社会科学规划项目（项目编号：2021D049）和陕西省教育厅科研计划项目资助（项目编号：21JK0281）的研究成果，并得到西安石油大学优秀学术著作出版基金和西安石油大学经济管理学院一流学科建设基金资助。借此表示诚挚感谢！

　　本书的完成还饱含多人的心血。参与并指导撰稿的还有笔者博士研究生在读时的导师，刘明教授，陕西师范大学西北历史环境与经济社会发展研究院硕士研究生、博士研究生导师，在课题和书稿的前期论证、研究框架、结构推敲、指导申报成果过程中，无不凝聚着刘明教授的倾心帮助，刘明教授亲自带队并组织了本次西北地区的田野调查，获取极为宝贵的一手资料，以其深厚而扎实的理论功底，对本书指标的选定、研究方法的确定、实证结果的准确性表述等多个环节予以耐心指导，并给出中肯的修改意见。笔者硕士研究生在读时的导师，王君萍教授，西安石油大学经济管理学院院长、硕士研究生导师，从事农村经济研究多年，她仔细审读本书，从本书构架、理论推演，再到模型与理论间的逻辑关系处理……以其博学与见识为本书提出了进一步的完善建议。笔者博士研究生在读时的师妹，冯丹蕾，中国海洋大学经济学院博士，参与了本书部分内容的数据搜集与整理工作。笔者在任教期间指导的本科生，张艺婷，现为西安石油大学经济管理学院金融专业硕士研究生，负责了后期部分数据的校对和文字编辑工作；李欣雅，西安石油大学经济管理学院金融专业本科生，负责了后期文字编辑和参考文献的订正工作。由笔者对全书内容进行修订。本书稿的完成凝结了多人的共同努力，感恩之情难以言表，遂谢于此。

　　同时，在本书的撰写过程中，笔者阅读、参考、思索、引用了不少国内外学者、同仁的研究成果和文献，正是他们的思想启迪了本书的灵感，正是他们的成果成为本书研究学习的学术背景，也是在前人研究的基础上做了一些个人的努力和探讨。借此对这些学者表示最衷心的感谢，并致敬意！

谨向长期以来参与本书田野调查工作的陕西师范大学、重庆师范大学等百余名师生表示诚挚敬意！

感谢人民出版社编辑曹春博士一直以来与研究团队的紧密合作，以及对笔者的可贵帮助！

最后，感谢西安石油大学优秀学术著作出版基金的资助和西安石油大学社科处、经济管理学院领导和工作人员对本书研究的不懈支持！

古城九月，天朗气清；长安之秋，尽染枫林；四载春秋，寒暑皆往；十月将至，驻足回首，然历历在目。四年之期，我遇到了前所未有的困难，学业的压力、身体的病痛、生活的清苦，但仍不分昼夜、几近忘我地沉醉于此……很庆幸一路走来，遇到许多良师益友。过去的终将过去，崭新的一页依然会翻开，愿这段时光成为未来科研之路上永恒的美好。

刘莎于西安
壬寅年九月二十三日